LEGALISTAS EM RECUPERAÇÃO

LEGALISTAS EM RECUPERAÇÃO

Pare de criar muros onde Cristo criou pontes

Prefácio de
Guilherme Nunes

FRANCINE VERÍSSIMO WALSH

THOMAS NELSON BRASIL®

Produção editorial	Águia Editorial
Copidesque	Gisele Romão da Cruz
Revisão	Carolyne Larrúbia e Nilda Nunes
Design de capa	Gabê Almeida
Ilustração de capa	Guilherme Match
Projeto gráfico e Diagramação	Alfredo Loureiro

Dados Internacionais de Catalogação na Publicação (CIP)
(BENITEZ Catalogação Ass. Editorial, MS, Brasil)

W224L
1.ed. Walsh, Francine Veríssimo
Legalistas em recuperação : pare de criar muros onde Cristo criou pontes / Francine Veríssimo Walsh. – 1.ed. – Rio de Janeiro : Thomas Nelson Brasil, 2025.
192 p.; 13,5 x 20,8 cm.

ISBN 978-65-5217-404-8

1. Cristianismo – Essência, natureza etc. 2. Espiritualidade – Cristianismo. 3. Legalismo. 4. Vida cristã. I. Título.

06-2025/23 CDD 230

Índice para catálogo sistemático:
1. Legalismo : Aspectos religiosos : Cristianismo 230
Aline Graziele Benitez – Bibliotecária - CRB-1/3129

Os pontos de vista desta obra são de responsabilidade de seus autores e colaboradores diretos, não refletindo necessariamente a posição da Thomas Nelson Brasil, da HarperCollins Christian Publishing ou de suas equipes editoriais.

Rua da Quitanda, 86, sala 601A - Centro
Rio de Janeiro/RJ - CEP 20091-005
Tel.: (21) 3175-1030
www.thomasnelson.com.br

AO MEU AMADO BEAU,

Onde eu estaria hoje não fosse sua afirmação de que eu não preciso ser perfeita para ser amada? Você é a personificação da graça na minha vida.

SUMÁRIO

AGRADECIMENTOS

Em primeiro lugar, agradeço ao meu Deus por sua imensa graça em me permitir escrever ainda mais um livro. A Jesus Cristo seja toda honra e glória, para sempre.

Ao meu amado Beau, por ter visto meus piores momentos e permanecido. Minha jornada de recuperação começou por causa de você. Às minhas Vesper e Bianca, minhas histórias são todas para vocês. À minha família Veríssimo, por me amarem incondicionalmente, até mesmo nos meus piores anos. E à minha família Walsh, por sempre me escutarem.

Aos entrevistados para essa obra, eu permaneço orando que cada um de vocês encontre cura em Cristo.

Às intercessoras deste livro, obrigada pelas orações que o trouxeram à vida. Às minhas queridas da Equipe Graça em Flor e Frutíferas, por serem incansáveis servas da graça.

A cada seguidor do Instagram que debate comigo em amor e graça.

À Thomas Nelson Brasil por acreditar no que eu tinha a dizer.

“Hipócritas [...]. Vocês anulam a palavra de Deus, por meio da tradição que vocês mesmos transmitiram.”

Jesus Cristo[1]

“A verdadeira questão não é como evitar se tornar um fariseu; a questão é **como se recuperar de ser o fariseu** que todos nós — desde o ventre — já somos.”

Dane Ortlund, no livro Surpreendido por Jesus[2]

1 Marcos 7:6,13.

2 “The real question is not how to avoid becoming a Pharisee; the question is how to recover from being the Pharisee that we all — right from the womb — already are.” Dane Ortlund. *Surprised by Jesus*. Leyland: Evangelical Press, 2022. p. 17. [Tradução livre e grifo adicionado.]

PREFÁCIO DE GUILHERME NUNES

Perceber que até mesmo um devocional pode ser o momento mais egotista do nosso dia é compreender que, facilmente, podemos trilhar um caminho na vida cristã em que até mesmo boas práticas podem nos afastar de Jesus. Uma oração, uma leitura bíblica ou um momento de louvor podem, na verdade, ser realizados longe de Cristo — na ilusão de estarmos com ele —, mas, na realidade, revelam uma vida sem Deus.

Tudo isso é muito sutil. A linha entre a oração com Deus e a oração sem Deus é bastante estreita. Afinal, aparentemente tudo se apresenta como oração, mas nem tudo é realmente oração; algo pode parecer uma prática santa sem, de fato, o ser.

As consequências dessa falta de percepção não são meramente teóricas. Elas provocam uma bagunça na nossa espiritualidade, pois, ao vivermos de forma aparente e distante de Jesus, nossas devoções tornam-se vazias e geram duas distorções: uma acerca de quem Jesus é para nós e outra sobre o que ele exige de nós.

Na primeira distorção, Jesus deixa de ser o alvo e o desejado para se tornar um mero instrumento. Isso resulta, na prática, na confusão de usar os meios de graça apenas como medidores do nosso desempenho na vida "espiritual" — e não como instrumentos para encontros com Jesus —, fazendo com que tudo gire em torno de nós mesmos e não mais de Jesus.

Na segunda distorção, ao analisarmos os mandamentos, o que ele exige de nós perde sua pessoalidade. Mas o que significa, afinal, "despersonalizar"?

Nas Escrituras, os mandamentos são dados, mas nunca de forma isolada de quem os manda. Cada mandamento, estatuto ou princípio é concedido por um Deus pessoal. Contudo, quando distorcemos o que Jesus exige, retiramos a pessoalidade do mandamento — ele deixa de ser algo que fazemos para e por causa de Deus (pois ele já não está mais presente) e se converte em uma simples lista de afazeres sem vida, sem sentido e sem adoração.

Nesse ponto, posso definir sobre o que estou falando e o que este livro aborda. Tudo o que disse corresponde ao que podemos chamar de legalismo.

O legalismo pode ser facilmente definido, mas sua sutileza e seus tentáculos são difíceis de perceber. Ele vive de aparências, transforma meios em fins, distorce a imagem de Jesus e o que ele exige de nós, despersonaliza os mandamentos e, além disso, tem a capacidade de causar profundos danos na alma e na comunidade.

Essas feridas no coração, produzidas pelo legalismo, podem ser tão profundas que geram culpa e cansaço — dois grandes problemas que podem tirar a esperança de uma vida cristã renovada.

A ferida na comunidade pode destruir relacionamentos e acabar com a comunhão por meio de atitudes agressivas contra o outro, tudo em nome de Deus. O legalismo utiliza as letras da lei de Deus como armas contra a própria comunidade, impondo sua ditadura: "Viva da forma que eu desejo; não importa se aquilo não é pecado, não é algo de que eu goste ou que eu considere santo, então não faça", diz o legalista. Essa imposição mata a comunhão e compromete a alegria da unidade, que não busca uniformidade (todos exatamente iguais), mas, sim, uma união na qual cada um, com suas particularidades, se compromete com as verdades do evangelho. Por isso, vemos os embates de Jesus contra várias manifestações do legalismo que ferem pessoas; o próprio Paulo precisou lidar com essas preocupações para que os tentáculos do legalismo não ferissem as comunidades de Corinto ou de Roma.

Na verdade, o legalista dentro de mim também fere, e está em recuperação, pois também se feriu. Feridas profundas exigem um diagnóstico preciso para, em seguida, receber um tratamento apropriado.

É nesse ponto que o livro que você tem em mãos se mostra tão importante, pois trata de todos esses assuntos. Este livro é, antes de tudo, um convite à cura do legalismo, propondo uma jornada de recuperação do coração e o restabelecimento de um relacionamento verdadeiro com Deus. Ele surge em um contexto em que muitas comunidades cristãs ainda lutam com o "pode ou não pode", oferecendo um olhar mais profundo, que transcende esse tipo de questionamento.

Francine Veríssimo Walsh é uma referência na teologia prática, como evidenciado por sua trajetória editorial e pelo trabalho de estudos bíblicos realizados no Graça em Flor. Nesta obra, por meio de uma escrita que combina o estudo profundo das Escrituras com experiências práticas, ela demonstra como um coração pode receber, por meio do Evangelho, a graça necessária para se recuperar do legalismo e viver a verdadeira liberdade em Cristo.

Nos últimos anos, na área dos estudos acadêmicos, o foco tem sido compreender o papel da lei no judaísmo da época de Jesus. Muitas perspectivas (como a Nova Perspectiva sobre Paulo, Paulo Dentro do Judaísmo e Paulo Apocalíptico) e debates surgiram, principalmente sobre o que seria “legalismo” para um judeu comum daquela época.

Francine se mostra consciente desses debates e dedica o tempo necessário para focar inicialmente em fundamentos e definições claras, demonstrando que a recuperação do legalismo é tanto uma necessidade teológica quanto prática. Esses fundamentos são essenciais diante da grande confusão que surge sobre o que é, de fato, o legalismo, qual o papel da LEI e qual o seu lugar na obediência cristã.

Diante de toda essa realidade, o leitor é apresentado aos reais problemas do legalismo e a até onde seus “tentáculos” podem chegar e destruir vidas. Contudo, é após essa exposição que Francine, de forma muito bíblica e gentil, nos apresenta Aquele que cura. Isso pode parecer simples, mas é transformador. A forma experiencial com que o Evangelho é apresentado e a maneira como a realidade da culpa é tratada com graça constituem um resgate do coração legalista ao coração de Jesus.

O leitor pode se perguntar: como lidar com a obediência sem cair novamente nas armadilhas? É nesse ponto que Francine nos apresenta um chamado à verdadeira liberdade em Cristo, um conceito importantíssimo para Paulo e a chave para lidar com os gálatas. No final, as implicações de uma visão adequada de Jesus se manifestam de forma mais ampla na comunidade – principalmente em questões secundárias e no resgate de uma unidade que tem o Evangelho como centro.

Eu fico muito constrangido em escrever este prefácio, devido à importância da obra, à pessoa de Francine e por ver como, biblicamente, ela trabalha temas difíceis de forma clara, eficaz e com uma sensibilidade gentil – muito parecido com Jesus, que será apresentado nas próximas páginas como o amigo dos legalistas em recuperação.

Espero que você, caro leitor, seja marcado por este livro, como eu fui, e que a narrativa de cura que ele apresenta, pelo Espírito, abençoe sua vida.

Guilherme Nunes

INTRODUÇÃO

Entramos no carro, meu irmão, minha mãe e eu, e dissemos, desapontados, “mais uma...”. Fazia cerca de dois anos que havíamos nos mudado para uma nova cidade, por conta do emprego do meu pai, e, nesse tempo todo, não conseguimos achar uma igreja para congregar. Pelo menos não uma igreja bíblica, como definíamos.

Ainda me lembro, mais de dez anos depois, de algumas das que visitamos. Em uma, tinha bateria. Em outra, as pessoas levantavam as mãos durante o louvor. A terceira tinha luzes coloridas no palco. Na quarta, o pastor tirou os sapatos para pregar. Na quinta, bateram palmas depois do louvor. As razões para não permanecermos em nenhuma quase sempre seguiam o mesmo padrão — razões periféricas. Claro, algumas, de fato, pregavam heresias do púlpito. Mas, sinceramente, a maioria pregava o Evangelho; o que nos desapontava era o formato do louvor, ou a decoração do prédio, ou até mesmo a roupa que o pastor escolhia para usar.

Por dois longos anos, simplesmente ficamos desigrejados. E não pense que foi algo tranquilo — não posso responder por meus familiares, mas sei que em mim o efeito era visível. Eu tinha menos força para lutar contra meus pecados, não sentia urgência em compartilhar o Evangelho com meus colegas de sala, e Jesus havia se tornado pouco mais que um crachá que eu sabia que carregava comigo, o qual nunca mostrava a ninguém.

Creio que, enquanto você lê meu relato, um de dois possíveis pensamentos provavelmente passem por sua cabeça: ou você pensou "faz sentido, eu teria feito o mesmo", ou se perguntou "o que há de errado com essa família?". Se pensou na primeira frase, é possível que, como eu, você seja um legalista em recuperação. Ou talvez você nem sequer esteja ainda no processo de recuperação, por não se reconhecer um legalista. É possível que bateria no louvor e luzes no palco pareçam *realmente* justificativas válidas para você não frequentar determinada congregação.

Posso pedir a você que, por favor, ainda não desista deste livro? Não estou aqui para apontar dedos. O título desta obra é primeiramente sobre mim. Sou a última pessoa, como você verá no primeiro capítulo, que poderia ter o direito de discriminar qualquer legalista (em recuperação ou não). Eu gostaria que você continuasse lendo porque talvez, *talvez!*, aquilo que por anos você tenha considerado como vital à fé, possivelmente sejam questões secundárias, terciárias ou até mesmo insignificantes. Será possível? Creio que sim, e confesso que, quando descobri isso por mim mesma, passei por um processo de aceitação *longo*.

Legalista, eu?

Esta obra toda buscará responder o que é o legalismo e as implicações de ser um legalista, por isso não buscarei fazê-lo agora, na introdução. Entretanto, gostaria de começar explicando que a palavra "legalismo" não aparece no hebraico do Antigo Testamento, tampouco no grego do Novo. Isso não significa que o conceito não esteja presente por todas as Escrituras. Dos israelitas que ofereciam sacrifícios mas não eram obedientes em 1Samuel 15 até os fariseus que Jesus chamou de sepulcros caiados em Mateus 23, a Bíblia está repleta de exemplos de pessoas que criam que manter a Lei ou as tradições humanas era garantia da aprovação divina.

Assim como eu em 2011 acreditava que, se apenas estivesse em uma igreja na qual as mulheres nunca ensinassem ninguém e o louvor fosse liderado apenas por pianos e violões, os israelitas também caíam, vez após vez, no erro de tentar fazer que Deus os amasse por intermédio do respeito a regras sobre regras. Esse estilo de vida se torna pesado incrivelmente rápido, uma vez que ser cristão não traz alegria, mas culpa constante. Você sempre se pergunta se Deus está olhando do céu em sua direção com uma carranca desapontada.

Quanto mais você crê nisso, mais serviço acrescenta à sua rotina: "Se eu servir no louvor e na recepção, e fizer um bolo para a rifa, e ensinar as crianças, e limpar o salão, e nunca usar calças, e evitar conversar com alguém do sexo oposto, e ler dez capítulos da Bíblia por dia, e...". Pouco a pouco, pegamos de volta todos os pesos pelos quais Jesus morreu com a intenção de removê-los de nossos ombros e os colocamos um a um de volta, até que nossa coluna se quebre e nós culpemos a Deus por ele ser impossível de ser agradado.

Não cremos que Deus nos ame, pelo menos não de verdade. No máximo, acreditamos que ele nos tolera, como um adulto que, ao ver uma criança fazer birra, revira os olhos e se pergunta como ela pode ser tão incapaz de fazer o certo. A pior parte talvez seja o fato de o legalismo não ser apenas autocentrado, com adagas apontadas para nós mesmos e nossas incapacidades, mas se tornar também um ponto de partida para uma personalidade profundamente crítica e julgadora em relação aos outros. "Se não faço o suficiente para agradar a Deus, quanto menos faz o meu próximo!" Assim como os mestres da Lei da época de Cristo, fechamos o Reino dos céus diante dos homens, não entramos, nem deixamos entrar os que estavam prestes a fazê-lo (cf. Mateus 23:13).

Um despertar da graça

E não nos enganemos pensando que o legalismo de hoje é o pior possível. Basta olharmos não somente para os fariseus, como já o fizemos, mas também para as cartas apostólicas, e veremos que, desde os primórdios do cristianismo, tentamos buscar a aprovação de Deus com obras vazias. E tanto Cristo quanto os apóstolos deixaram claro, já naquela época, que essa atitude, ainda que comum, não pode ser aceita e abraçada, precisa ser exortada e abandonada.

Assim sendo, qual seria a cura para o legalismo? Alguns pensam que precisamos ir de um extremo ao outro — por um lado, temos aqueles que querem comprar o amor de Deus com obras; precisamos, então, por outro lado, crer que tudo nos é permitido pela graça, e as leis morais precisam ser totalmente rejeitadas. Mas esse oposto, chamado na teologia de antinomianismo (que significa "anti-lei"), é uma heresia denunciada desde a época da

Reforma Protestante.[3] A verdade é que o oposto do legalismo não é a hipergraça. Tanto o legalismo quanto o antinomianismo estão de um lado, pois do outro está o Evangelho — a verdadeira cura para ambos.

O autor Dane Ortlund diz, em seu livro *Surpreendido por Jesus*[4], que a doutrina da graça de Cristo está passando por uma espécie de revitalização nos últimos anos. Fala, especialmente, do cenário estadunidense, mas vejo isso acontecer há pelo menos quatro anos também no Brasil, principalmente depois da publicação em português de outra obra do mesmo autor, *Manso e humilde*[5]. Ainda em *Surpreendido por Jesus*, Ortlund diz que "muitos estão caminhando com o Senhor por anos, e ainda assim estão apenas agora descobrindo o novo universo mental e emocional da *graça*".[6] No meu caso, foram cerca de sete anos de caminhada com Cristo sem essa descoberta, durante os quais vivi totalmente amarrada ao meu legalismo.

---

3 Ryan Reeves. What is Antinominianism and who teaches it? Disponível em: www.thegospelcoalition.org/article/what-is-antinomianism-and-who-teaches-it. Acesso em: 5 de fevereiro 2025.

4 Dane Ortlund. *Surpreendido por Jesus*. Rio de Janeiro: Thomas Nelson Brasil, 2023.

5 Idem. *Manso e humilde*. Rio de Janeiro: Thomas Nelson Brasil, 2021.

6 "Many have been walking with the Lord for years, yet are only now discovering the new mental and emotional universe of grace." Idem. *Surprised by Jesus*. p. 19. [Tradução livre.]

Meu desejo com esta obra que você tem em mãos, portanto, não é fazer acusações àqueles ao meu redor, mas revelar primeiramente meu coração legalista a você, e em seguida convidá-lo a me acompanhar na jornada rumo à redescoberta da graça de Jesus Cristo. Eu me identifico tanto com Pedro quando vê Jesus ressurreto esperar por ele na praia (cf. João 21): não tenho mais as restrições legalistas para me amarrar e me fazer continuar remando devagar até chegar à orla — hoje só sei me jogar na água, nadar até meu Senhor e, mesmo toda molhada e coberta de areia, me arremessar em seus braços de amor. E, assim como Pedro, sei que a *redenção* me espera, não a *rejeição* — vez após vez, sem falhar. Mesmo depois dos meus piores momentos, das minhas vestes mais sujas, meu Senhor me diz três vezes, "Francine, você me ama mais?". E três vezes, cancelando minhas negações passadas, eu admito, "Senhor, tu sabes que eu te amo".[7]

Do coração de uma legalista em recuperação a outros na mesma situação — corramos para a orla, irmãos! Jesus nos espera, sorrindo.

Francine Veríssimo Walsh
Minnesota, 2024

7 Referência à conversa entre Jesus e Pedro registrada em João 21:15-17.

1
MINHA HISTÓRIA

Enquanto escrevo este livro, estou na caminhada com Cristo há catorze anos — quase metade da minha vida. Entretanto, considero que não fui uma pessoa realmente livre até o dia em que descobri uma verdade que deveria ter sido óbvia desde o início, mas só se revelou ao meu coração quando eu tinha 23 anos: *eu não preciso ser perfeita para ser amada*. Quem me disse essa notória verdade que iniciou uma nova fase da minha existência foi meu marido, na época meu noivo. Desde então, novas descobertas foram feitas nessa direção, e dou mais e mais passos em minha jornada do legalismo à graça.

Pelos últimos sete anos, metade da minha vida cristã, mantive essa jornada para mim mesma, mas não posso mais fazer isso. Infelizmente, conheço cada vez mais irmãos na fé que ainda vivem sujeitos às mesmas correntes que me aprisionavam e realmente acreditam naquilo que eu diria ser a definição de *legalismo*: por intermédio de uma fé performática, alcançarão o amor e a aceitação de Deus. Mais do que isso, vejo uma geração de cristãos que, como eu por tantos anos, colocam o peso enorme do legalismo sobre *si* e sobre os *outros*. Com discursos do tipo, "você não é crente se não fizer X", vemos aqueles por quem Jesus Cristo morreu para que fossem livres acorrentarem a si e a seus irmãos na fé. Por perceber isso, e por ver refletida tanta da minha própria trajetória nessas atitudes, me senti na responsabilidade de escrever a vocês, meus amados irmãos, sobre a liberdade que encontrei, na esperança profunda de que vocês a encontrem também.

Do *bullying* ao legalismo

Minha história com o legalismo começou em minha infância. Tive a bênção de crescer em um lar saudável, rodeada de afirmações do meu valor. Há vários vídeos em VHS do meu pai me filmando, enquanto criança, e dizendo repetidas vezes "onde está a princesinha do papai?". Na infância, eu não tinha dúvidas de que eu era especial e amada, e tive o privilégio de viver assim pela minha primeira década.

Até a chegada da sexta série. Não sei dizer por que não começou antes — se as crianças mais novas não são tão cruéis quanto as pré-adolescentes, ou se eu não havia deixado minha "fraqueza" tão exposta —, mas na sexta série eu comecei a estudar em uma nova escola e vivi o pior ano da minha vida. A escola havia acabado de abrir turmas da quinta à sétima série, e as classes eram minúsculas (a minha tinha 7 alunos), e essa dinâmica se mostrou perfeita para que uma criança só fosse escolhida como o alvo do *bullying* da escola toda. O motivo? Minhas orelhas. Eu fui "carinhosamente" apelidada de Dumbo, e me lembro de chorar no banho várias vezes, relembrando as palavras maldosas proferidas contra mim.

Não conto essa história para que você tenha pena de mim. Infelizmente, não fui a única criança do mundo a sofrer assim e nem serei a última. É bem provável, na verdade, que você mesmo também tenha sofrido algo parecido nos anos escolares. Trago essa história porque creio que ela foi formativa para a gênese do meu legalismo.

Neste livro, usarei a definição de Piper sobre o que é *legalismo* — a convicção de que a observância da Lei é a base de nossa aceitação por Deus.[8] E creio

8 Piper apresenta essa definição em um episódio do podcast Desiring God. Disponível em: www.desiringgod.org/interviews/what-is-legalism. Acesso em: 5 de fevereiro de 2025.

que foi ali, na sexta série, que começou o germinar em mim da ideia de que eu somente poderia ser aceita, e portanto amada, se fosse perfeita. As risadas cruéis daqueles pré-adolescentes moldaram em minha mente a ideia de que eu não era uma "princesinha amada", como meus pais haviam me ensinado, mas, sim, alguém que estava aquém das expectativas dos meus companheiros de sala. Parece um pouco dramático. Quando você tem 11 anos, porém, seus colegas de classe são seu mundo todo, a extensão da sua sociedade. Assim, a opinião deles sobre nós é muito mais formativa do que gostaríamos de crer.

Então, a Francine de 11 anos ficou acorrentada à mentira de que não era suficiente. "Se eu apenas tivesse orelhas normais, ou cabelos lisos, ou algo que eu acreditava ser necessário mudar em mim, seria amada". Já não importava mais a quantidade de amor que eu recebia dentro de casa, o que eu ansiava era ter o amor dos meus companheiros de sala. E assim, aos 13 anos, eu me submeti à mesa de cirurgia para consertar as orelhas que eu sentia serem inadequadas e me adaptar àquilo que eu considerava serem as expectativas da sociedade.

Há muito a ser dito sobre cirurgias estéticas, mas vou me limitar aqui apenas a dizer que não sou absolutamente contrária a elas (e se eu traçasse uma linha no chão e dissesse que elas são pecado, estaria sendo, bem, legalista). A verdade é que, em meu caso, minha motivação para a cirurgia plástica era fechar o buraco que o *bullying* tinha deixado em minha alma. Infelizmente, como vocês podem prever, não obtive sucesso nesse desejo. Com orelhas novas, eu me mudei para uma nova escola no ano seguinte, e, ainda que nunca mais tenha sofrido *bullying*, meu buraco permaneceu aberto, crescente.

Em minha nova escola, meu vazio mudou de máscara e se revelou de uma nova forma: a ânsia por popularidade. Veja, quando uma jovem menina acreditar que não é suficiente, ela vai tentar se agarrar com força a qualquer migalha de afirmação, e foi exatamente isso que fiz. Com a ambição social que apenas uma adolescente pode ter, comecei a buscar me relacionar com as pessoas que eu considerava serem as certas, no desejo de *ser* uma pessoa certa. Nesses anos, acumulei alguns dos meus maiores arrependimentos da vida. Em vez de me divertir com meus amigos, como ouço tantas pessoas dizerem que fizeram no Ensino Médio, foquei no jogo da comparação e acabei perdendo o que realmente importava. Hoje em dia, por exemplo, não sou amiga de ninguém daquela época e, na verdade, creio que queimei muitas pontes sem perceber. Na busca de agradar as pessoas que me pareciam certas, machuquei as pessoas que realmente importavam.

Ao final da minha jornada no Ensino Médio, eu não tinha um vazio preenchido, mas um surpreendentemente ainda mais profundo do que na sexta série. Quanto mais eu tentava "ser alguém", quanto mais amigos verdadeiros ignorava em busca dos populares, mais meu vazio crescia e mais o sentimento de não ser suficiente me sufocava. Foi apenas pela misericórdia de Deus que sobrevivi àqueles anos sem ter feito loucuras. Hoje, aos 30 anos, sei como são vulneráveis as meninas que se sentem aquém e como é fácil para rapazes predadores se utilizarem dessas fraquezas para seu próprio benefício. Contudo, Deus me manteve segura fisicamente, ainda que meu emocional estivesse em frangalhos.

Aos 16 anos, Deus me trouxe verdadeiramente aos pés da cruz. Eu, que cresci indo à igreja e ouvindo o Evangelho, apenas me permiti ajoelhar diante do Rei dos Reis depois de ouvir, no YouTube, a mensagem chamada *Pregação chocante*[9], do pregador americano Paul Walsher. E sabe a ironia? Em vez de me render à graça magnífica de Cristo que havia me alcançado, eu apenas a aceitei para a salvação e ignorei a graça para o resto da jornada. Os anos que se seguiram, dos 16 aos 22 (quando conheci meu marido), foram profundamente marcados pela minha busca de teologia sólida, que foi proporcional ao crescimento do meu *legalismo*. Foi nessa época

9 Pregação de Paul Washer. Disponível em: www.youtube.com/watch?v=KGbi0FbyCTQ. Acesso em: 5 de fevereiro de 2025.

que meu legalismo se firmou no aspecto espiritual, como se todas as experiências que começaram na sexta série tivessem sido como degraus em uma escada que me levou à minha crença, como Piper disse, de que a observância da lei (ou perfeição) era a base de minha aceitação não somente dos homens, mas de Deus.

Eu fui, durante aqueles anos, o que uma amiga minha denominou "teóloga ambiciosa" — uma cristã que tinha paixão pela Bíblia e por doutrinas, mas elevava solidez teológica acima do Evangelho da graça e, por vezes, até mesmo os colocava como antagonistas. O fogo do primeiro amor, de ter acabado de realmente me converter a Cristo, em vez de ser direcionado a crescer em conhecimento que gera paz e certeza de estar inocentada diante dele, focou em aumentar o conhecimento racional e doutrinário, na busca de *ainda* preencher o vazio que existia em mim.

Aos 16 anos, então, e recém-convertida, meu legalismo estava consolidado. Por causa das minhas experiências de infância, criei um arsenal de palavras afiadas que dizia a mim mesma com frequência: "Você não está fazendo o suficiente"; "Quem você pensa que é para fazer isso?"; "Ninguém se importa com sua opinião"; "Você não é boa o suficiente"; e a pior de todas: "Você nunca será perfeita o suficiente para ser amada por Deus". Toda vez que escolhia ouvir essas vozes, eu me sentia sendo desmontada, peça por peça, até tudo estar no chão e eu não ter forças para tentar mais nada. Meu legalismo era, por natureza, então, primariamente autocentrado. Meu discurso a mim mesma era constantemente: "Faça mais"; não somente com um desejo de agradar as pessoas ao meu redor, mas, infelizmente, com uma ânsia de agradar a Deus para que ele não desistisse de mim.

A segunda faceta do meu legalismo era que ele, ainda que primariamente *autocentrado*, era também fortemente um ataque *ao outro*. Como uma espada de dois gumes, meu legalismo ficava apontado para minhas faltas e para quaisquer deficiências de caráter, espiritualidade e ação que eu percebesse no próximo. Eu me sentia culpada por não ser uma pessoa perfeita, e minha espiral de culpa também envolvia o elemento do julgamento. Naqueles momentos, eu vivia em um vai-e-vem entre a lamentação por não ser perfeita e a amargura pelos outros tampouco serem.

Como você pode imaginar, essas tempestades internas eram totalmente exaustivas. Cansa tentar ser perfeita, e cansa esperar perfeição. Ao final do dia, a realidade é que ninguém jamais consegue ser sem defeitos deste lado da eternidade. Logo, minha busca era profundamente vã, e eu terminava meus dias desesperançosa e esgotada.

O começo da minha libertação

Talvez a esta altura do meu testemunho você se pergunte como Cristo me libertou do meu vazio e como começou meu processo de cura, me livrando de ser uma legalista e me tornando uma legalista *em recuperação*. Você vai amar descobrir que tudo começou com uma garrafa de Coca-Cola.

Certa noite, minha família visitou minha prima no estado da Virginia, aqui nos Estados Unidos, e, enquanto preparávamos o jantar, abri uma garrafa de Coca-Cola que explodiu na cozinha toda. Fiquei totalmente envergonhada e frustrada. Meu então noivo me perguntou, em um tom de repreensão: “Por que você não se desculpou?”. Achei a pergunta ridícula! Por que eu deveria me desculpar quando obviamente não tinha feito a bagunça de propósito? Como você pode imaginar, essa conversa culminou em uma discussão que, ao final, levou meu marido à percepção da profundidade do meu autolegalismo. Foi naquela noite, sentados em frente à linda marina de Norfolk, que meu amado me disse a frase que iniciou meu processo de cura: “France... você sabe que não precisa ser perfeita para ser amada, certo?”.

Tão óbvio. Tão simples. Mas tão, tão profundo. Não, eu não sabia. Ou ao menos não *compreendia*. Minha sede desesperada por perfeição, que começou aos 11 anos, me fez acreditar que eu não precisava me desculpar por uma bagunça que não foi proposital, porque essa bagunça só confirmava minha inabilidade de ser perfeita, e me desculpar seria como assinar uma carta de confissão de culpa. E se eu fosse culpada de imperfeição, então estaria fadada à não aceitação e à falta de amor.

Olhando para os barcos à vela que balançavam suavemente no cais, sentada ao lado de um homem que me amava de verdade, senti meu vazio começar a ser preenchido. Seria possível? Era verdade que eu podia acreditar que alguém poderia me amar mesmo quando minhas máscaras caíssem e minha imperfeição fosse escancarada? Meu então noivo parecia ser a prova viva de que sim. E se ele, um homem limitado e pecador, podia me amar assim — ah, a realização me atingiu como um raio! —, quanto mais poderia *Deus*?

Um Deus manso e humilde

Por exatamente metade da minha vida com Cristo até aqui, como afirmei, eu imaginava Deus como um gigante com barba branca sentado em um trono de ouro nos céus, que olha para nós com uma sobrancelha levantada, à espera do nosso próximo erro para nos disciplinar. Certo, talvez eu esteja exagerando.

Minha teologia era melhor do que isso. Se eu for sincera, porém, admitirei que minha ideia enterrada e subconsciente de Deus era de fato essa. Eu aguardava pelo próximo castigo, porque era consciente da extensão do meu pecado e da realidade da santidade de Deus.

Cativa à minha eterna culpa, por anos não me permiti ter um relacionamento com aquele que havia enviado seu único Filho para comprar um relacionamento comigo. Muitos dizem que é fácil crer em Cristo como seu Salvador, mas difícil recebê-lo como Senhor. Para mim, o processo foi oposto. Eu aceitava o senhorio de Deus e me submetia a ele. Entretanto, seu amor salvífico e sua graça relacional? Não, esses não poderiam se estender a alguém como eu. A crescente imagem em minha cabeça era de mim como um verme diante do Deus de todo o Universo. Ele até havia me aceitado em sua família, mas eu merecia apenas o quarto dos servos, no porão. Sabe o que é curioso? Por mais que essa atitude soe humilde, vinha, na verdade, do meu orgulho. Aprendi que o orgulho é como uma moeda — de um lado está nossa soberba; do outro, uma autocomiseração que se parece muito com humildade, ainda que nada contenha de essência altruísta.

Assim eu vivi por 7 anos. Na família de Deus, mas autocondenada ao quarto dos servos.

Sob o senhorio de Cristo, mas sem ousar levantar as mãos para tocá-lo (ou receber seu toque). Hoje vejo a que existência miserável me submeti, e imagino o quanto afligi o coração de um Deus tão essencialmente relacional. Agora que sou mãe, imagino minha pequena Vesper escondida no porão da nossa casa, se recusando a dormir em seu quarto que fizemos especialmente para ela, por não crer que seus pais realmente a amam. Ah, como esse pensamento parte meu coração! Ah, quanto parti o coração daquele que me amou com amor eterno (cf. Jeremias 31:3)!

Eu sabia que escrever este livro que você tem em mãos significaria abrir os porões da minha alma e ser totalmente vulnerável. Faço isso especialmente porque quero que qualquer pessoa, ao ler estas palavras, saiba que não condeno o legalismo como alguém que pode se inocentar dele. Pelo contrário, escrevo este livro como alguém que foi até o fundo do poço desse mal e, pela graça, conseguiu emergir dessas águas, mas não sem muito esforço.

Apesar de ter começado meu processo de ida ao Senhor na marina da Virginia, o verdadeiro descobrimento do coração de Cristo não aconteceu até o fatídico ano de 2020, na minha cozinha. Eu estava lavando as louças e ouvindo a um audiolivro, como sempre fazia. A escolha da vez era uma obra chamada *Gentle and Lowly*, de Dane Ortlund.

Um dos teólogos que mais admiro, Mark Dever, havia declarado que esse livro era um dos melhores que ele já tinha lido[10], e o autor era neto de uma escritora que eu gostava, então comecei a leitura. Logo na introdução eu precisei parar de esfregar os pratos para chorar.

> Este livro foi escrito para [...] quem se vê pensando: "Como pude estragar tudo — de novo?" É para tratar aquela crescente suspeita de que Deus já está perdendo a paciência conosco. É para quem sabe que Deus o ama, mas suspeita que ele esteja terrivelmente decepcionado. É para quem conta a outras pessoas sobre o amor de Cristo, mas ainda se pergunta se Cristo não guarda um leve ressentimento contra si.[11]

Eu nunca havia me enxergado tanto em um livro — Dane parecia ter lido meu diário interno, inclusive as palavras que eu nunca soube articular. A cada novo capítulo que eu escutava, na voz tranquila e firme do autor, minha alma parecia se desfazer para

---

10 Confira o episódio do podcast em que Mark Dever reitera sua opinião a respeito do livro. Disponível em: www.9marks.org/episode/on-gentle-and-lowly-with-dane-ortlund-pastors-talk-ep-186. Acesso em: 5 de fevereiro de 2025.

11 Dane Ortlund. *Manso e humilde*. Rio de Janeiro: Thomas Nelson Brasil, 2021. [p. 13 no original].

ser refeita. A ideia de um Deus manso e humilde era tão alheia à vida cristã que eu tinha vivido por tantos anos, e minha alma, que estava como um deserto, sentiu a verdade do coração de Deus por mim chegar como uma torrente que criou rios, floresceu e frutificou nova vida. Não creio no conceito de conversão pós-conversão, mas às vezes eu brinco que foi isso que me aconteceu.

O teólogo Martyn Lloyd-Jones usou, em um de seus sermões, a passagem da cura de um homem cego em Marcos 8 para explicar essa minha "segunda conversão". Quando Cristo se propõe a curar o homem da passagem, primeiro ele não enxerga perfeitamente; depois, ao ser perguntado por Jesus se enxergava, ele declara com sinceridade: "Vejo pessoas; elas parecem árvores andando" (v. 24). Apenas depois de Jesus o tocar *novamente*, "seus olhos foram abertos, a sua visão foi restaurada, e ele via tudo claramente" (v. 25). De acordo com Lloyd-Jones, essa passagem pode ser usada para ilustrar as pessoas que foram tocadas pelo cristianismo, mas ainda lutam contra a dúvida:

> Eles parecem saber o suficiente sobre o cristianismo para estragar seu prazer no mundo, mas não sabem o suficiente para se sentirem felizes consigo mesmos [...]. Eles veem e, no entanto, não veem. Acho que você concordará que estou

descrevendo a condição, infelizmente, de um grande número de pessoas.[12]

Sim, Lloyd-Jones me descreveu. Eu via árvores andarem, mas não enxergava com clareza, até o dia em que a graça realmente brilhou e foi como se eu entendesse a vida pela primeira vez.

Liberdade x legalismo

Em minha experiência, o legalismo sempre veio associado a um grau de escravidão. Se me vejo sob a luz de um constante julgamento de Deus, se me encontro em um relacionamento condicional com o divino, o peso que coloco sobre meus ombros é esmagador. Quando creio que existe um Deus, mas que só posso me aproximar dele sob a condição de obedecer à Lei com perfeição, sou a mais miserável das pecadoras (cf. 1Coríntios 15:19).

---

12 "They seem to know enough about Christianity to spoil their enjoyment of the world, and yet they do not know enough to feel happy about themselves... They see and yet they do not see. I think you will agree that I am describing the condition, alas, of large numbers of people." D. M. Lloyd-Jones. *Spiritual Depression: It Causes and Cure*. Eerdmans, 1965, p. 40. [Tradução livre.]

O legalismo prega que há um abismo entre Deus e os homens (e não está errado) que só pode ser atravessado com uma ponte: a perfeição (e aqui, claro, está o erro). Talvez pareça exagerado, mas uma imagem que ajuda a compreender minha afirmação é a de Deus assentado em seu glorioso trono, limpo e santo como só ele pode ser, e suas criaturas em fila apresentando-se diante dele em busca de aceitação. Uma a uma, as miseráveis criaturas aproximam-se. Os legalistas são aqueles que chegariam de cabeça erguida, pois passaram horas, meses e anos esfregando a si mesmos, buscando purificar-se mediante a autoflagelação. Entretanto, essas criaturas orgulhosas estão cegas ao fato de que o sangue de Cristo já as limpou! Com vestes mais alvas que a neve, continuam a se esfregar. Quão patéticos somos como legalistas!

Atrás deles vemos aqueles que reconhecem a graça. Eles se aproximam com cautela, profundamente conscientes de sua condição miserável. De cabeça baixa, esticam as mãos ao trono e, tremendo, apontam para o Cordeiro sentado à direita do Pai. Humildemente declaram: "não a nós, Senhor, não a nós, mas ao teu nome seja dada a glória" (cf. Salmos 115:1). Os conscientes da graça reconhecem que jamais serão obedientes ou puros o suficiente para comprar a aceitação do Todo-Poderoso. Sabem que o Pai já os pegou nos braços e os lavou no sangue do

Cordeiro, e toda sujeira foi retirada, sem restar dela nem sequer memória. Essas criaturas agraciadas ousam olhar para cima e ver o sorriso do Pai, que pertence ao Filho e àqueles que, pelo Filho, adentram a divina família.

Por isso, defendo que o legalismo conota escravidão. Quando o Pai nos oferece o sacrifício do Filho para nos lavar, não é somente uma opção assombrosamente maravilhosa, é também a *única* que realmente nos garante aceitação diante dele. Nós nos tornamos patéticos ao buscar qualquer outra; *escravos* patéticos que voltam aos bolos de barro dos tempos de sua servidão enquanto um banquete de liberdade, *verdadeira* liberdade, lhes é oferecido. O sorriso do Pai está ali, voltado a eles, mas eles não o enxergam.

Jesus Cristo declarou, em uma de suas conversas mais acaloradas registradas nos Evangelhos, que "então, conhecerão a verdade, e a verdade os libertará" (João 8:32). O que vem antes dessa famosa frase, entretanto, é uma condicional: "Se vocês permanecerem firmes na minha palavra, verdadeiramente serão meus discípulos". A palavrinha "se" significa que apenas se permanecermos na palavra do Cristo, sendo realmente seus discípulos, é que conheceremos a verdade, e *só então* seremos livres. A condição é clara: sem Cristo não há liberdade. Os que a procuram em uma lista de atitudes com uma motivação de "comprar" o agrado de Deus só encontram areia na boca e amarras no pescoço.

E sabe o que é curioso? O público a quem Cristo proferiu tais palavras era os judeus que se encontravam no templo e se consideravam filhos da promessa a Abraão. Aqueles homens estavam exatamente no lugar que a lei os mandava estar, e é provável que tentassem cumpri-la ao máximo. Isso não parece familiar? Quantos de nós, legalistas em recuperação, estamos *dentro* das igrejas, cumprimos exatamente as regras que cremos ser exigidas de nós, crentes? Creio que, para muitos de nós, a advertência de Cristo se mantém válida: a nós, ele ainda declara a necessidade de pararmos de tentar libertar a nós mesmos por meio de nossa política, nosso serviço, nosso voluntariado, nossa "defesa" do Evangelho na internet, nossa saia comprida, nosso corpo sem tatuagem, nosso copo sem álcool. Se o Filho nos libertar, e *somente se* o Filho nos libertar, verdadeiramente seremos livres.

O que Cristo removeu de nossos ombros

Um dos presentes mais significativos que já recebi na vida foi do meu marido, no meu aniversário de 25 anos. Eu me lembro de abrir o pacote e encontrar uma echarpe com vários escritos e um cartão que dizia: "Aqui estão todas as cartas de Paulo (à exceção de Romanos, que era longa demais). Coloque-as sobre seus ombros para lembrar o que Cristo removeu deles". Ainda hoje meus olhos se enchem de lágrimas ao refletir sobre o quão relevante foi esse gesto para alguém como eu.

Quando pondero sobre o fato de que o Filho do Deus Altíssimo escolheu vir ao mundo, encarnado como uma de suas criaturas, com o objetivo de *libertar* suas ovelhas, "tristeza" não é uma palavra que define apropriadamente o que sinto ao ver que nós pegamos nossas correntes, as colocamos ao redor de nosso pescoço e nos colocamos de volta sob o jugo da Lei. Imagino o coração manso e humilde do nosso Mestre se quebrar com isso, e não posso evitar sentir uma pontada de culpa pelos anos que desperdicei sob o jugo que ele escolheu morrer para remover dos meus ombros, como meu marido tão graciosamente me relembrou.

Como eu disse, creio que meu processo rumo à graça começou em dezembro de 2015, em uma marina no Estado da Virginia. Todavia, minha conversão começou em 2008. Como pode ser, então, que eu tenha vivido sete anos inteiros convertida a Cristo sem realmente conhecer seu coração por mim? Infelizmente, como o dr. Lloyd-Jones explicou, eu era meio-cega. Veja, eu já estava livre, mas meu legalismo ainda me impedia de enxergar totalmente. O sorriso de Deus já era meu, mas meus braços levantados diante dele seguravam a lista de coisas "boas" que fiz e impediam minha visão.

Será que isso descreve você também? Inicialmente este livro se chamaria *Legalista em recuperação*, no singular, porque eu pensava em mim mesma. Resolvi adicionar o plural justamente porque creio que essa é a descrição de um grande número de pessoas.

Querido leitor, você tem vivido a vida cristã no porão do palácio real ou tem visto homens como árvores que andam? Você tem enxergado Deus como o Soberano do Universo no trono aguardando seu próximo erro para se desapontar novamente? Será que sua história, ainda que diferente da minha, carrega as mesmas marcas de uma autoflagelação em busca da aceitação de um Pai que já deu as boas-vindas a você?

Espero que você aceite meu convite para se reconhecer como um legalista. Creio que, somente ao tomar esse primeiro passo, poderemos, no devido tempo, adicionar o esperançoso: "em recuperação".

2
A LEI NUNCA FOI O PROBLEMA

Em um domingo de manhã, durante a aula da Escola Dominical, meu pastor segurou sua Bíblia, separando com os dedos o Antigo e o Novo Testamentos. Em seguida, ele disse algo que nunca me esqueci: "Se o Antigo Testamento e a Lei não importassem, por que Deus permitiria que ficassem registrados em sua Palavra, ocupando bem mais da metade dela?".

De fato, se você pegar sua Bíblia e abrir na divisão entre os testamentos, verá que ele disse a verdade. Numericamente falando, de 66 livros bíblicos, 39 estão no Antigo Testamento e 27 no Novo, o que não parece deixar uma diferença muito gritante. Entretanto, a extensão dos livros da primeira parte da Bíblia é muito maior que da segunda; em questão de páginas, o Antigo Testamento compõe 78%

da Palavra de Deus, conforme matemática baseada nos capítulos de cada livro (929 capítulos no Antigo; 260, no Novo).

Para legalistas em processo de recuperação, é natural querer correr para o extremo oposto da Lei, uma vez que o pecado do legalismo é identificado em nosso coração; e é fácil assumirmos que em tal oposto encontraríamos a graça. Entretanto, como tenho aprendido cada vez mais em minha jornada cristã, Jesus nunca está nos extremos. Nesse caso, o oposto do legalismo não é a graça, mas, sim, aquilo que os teólogos chamam de antinomianismo.

A *Torá*

Antes de tratarmos desses dois extremos teológicos, porém, creio que precisamos esclarecer o que é, de fato, a Lei. Até aqui já pincelamos o conceito de legalismo, mas, antes que possamos acusar alguém (inclusive a nós mesmos) de um mal uso de algo, precisamos ser capazes de compreender totalmente o que seja tal algo. Vamos nos permitir, portanto, compreender o que é a Lei de Deus, a *Torá*.

O termo *Torá* (do hebraico תּוֹרָה), tem como tradução "a Lei" ou "Pentateuco", e compreende os cinco primeiros livros da Bíblia — Gênesis, Êxodo, Levítico, Números e Deuteronômio. Aqueles de nós que cresceram na igreja com certeza já ouviram piadas sobre os planos de leitura bíblica anuais que sempre morrem nos desertos do Pentateuco. De fato, a leitura desses cinco livros não é fácil — há várias listas de especificações para a construção do tabernáculo, rituais de purificação, e, claro, listas e mais listas de nomes difíceis.

Quando traduzimos *Torá* como Lei simplesmente e olhamos para ela como regras e dados ultrapassados, perdemos de vista o que realmente é: um compilado de *histórias* cujo objetivo é mostrar como um Deus perfeito criou uma possibilidade de habitar no meio de seres humanos imperfeitos.

Desde a história da Criação, passando pelos patriarcas, até a saída (ou êxodo) do povo de Israel do Egito até a Terra Prometida, a *Torá* é uma compilação que mistura narrativa com leis e listas. Todavia, até mesmo ao focar especificamente nas leis e nos comandos de Deus ao povo, podemos ver que não há uma homogeneização que nos permita dizer simplesmente "a Lei" sem que seja necessário um esclarecimento da expressão.

Dentro da *Torá*, encontramos leis específicas para os israelitas, que os separavam como nação santa de Deus — o que podiam ou não comer; a circuncisão dos homens; o *Shabbath*; entre outras. Mas havia também leis de purificação, para garantir a saúde do povo enquanto viviam no deserto; leis de justiça social, a fim de promover a segurança do povo; leis acerca dos sacrifícios, de maneira a permitir uma aproximação de Deus por meio da expiação; etc. Todo esse compilado tinha como objetivo não somente o bem da nação de Israel, mas também a garantia de que o nome de Deus não fosse difamado por causa deles entre as nações. Israel era o povo de Deus e precisava viver como embaixador dele, de maneira profundamente diferente das nações pagãs ao redor.

Entretanto, existe um padrão na *Torá*, a mistura de narrativa e leis, que se encontra no ciclo em que o povo recebia de Deus um compilado de leis e comandos e, logo em seguida, quebrava essas leis e caía em rebelião. Deus concedia aos israelitas, então, um novo compilado de leis e, ainda outra vez, eles se rebelavam. Vez após vez, capítulo após capítulo — o mesmo ciclo. O que isso prova? Que não importa quantas leis fossem estabelecidas, sempre eram *insuficientes* para garantir que o povo não se rebelasse novamente.

No final da *Torá*, encontramos o povo às portas da Terra Prometida, e o que o líder deles, Moisés, declara? A Lei precisa ser pregada entre o povo, e cada geração é responsável por passá-la à próxima (cf. Deuteronômio 31:11-13). Ou seja, apesar de a Lei ser incapaz de evitar a rebelião, ela ainda era necessária. E Moisés reconhece que, enquanto o povo tiver um coração de pedra, a obediência total à Lei e, em última instância, ao Deus da Lei, será impossível. O líder declara, com honestidade e pesar: "Pois sei quão rebeldes e obstinados vocês são. Se vocês têm sido rebeldes contra o Senhor enquanto ainda estou vivo, quanto mais depois que eu morrer!" (Deuteronômio 31:27). O povo precisava de algo que, de fato, os transformasse.

Após a morte de Moisés, liderados por Josué, os israelitas entram na Terra Prometida. Até mesmo ali, na terra da promessa que manava leite e mel, vemos que a profecia de Moisés se concretiza: o povo cai novamente e se rebela contra Deus. O restante do Antigo Testamento, que continua a narrativa da *Torá*, declara que Israel, rei após rei, juiz após juiz, permanece escolhendo rebeldia, até que a maldição que Deus disse a Moisés que cairia sobre esse "povo obstinado" finalmente se concretiza, e eles são espalhados, exilados e oprimidos por nações pagãs.

Portanto, ainda que o Antigo Testamento nos prove que a Lei é perfeita (cf. Salmos 19:7), também declara que a Torá nunca foi suficiente para remover de um povo rebelde (e aqui falo não somente de Israel, mas de todo e qualquer ser humano) o coração de pedra para lhe dar um de carne capaz de obedecer.

Legalismo e antinomianismo — dois lados da mesma moeda

Agora que compreendemos melhor o que é a Lei, vamos expandir nosso conceito de legalismo e de seu aparente oposto, o antinomianismo. Para entendermos melhor essas noções, trago o exemplo de um famoso pastor dos Estados Unidos que, em um sermão em 2016, disse que "Deus quebrou a Lei por amor"[13]. A ideia que o pregador queria passar é que Deus nos ama tanto a ponto de escolher quebrar a própria Lei para nos salvar. Essa noção foi esclarecida pelo exemplo que ele deu logo antes, de um pai que ignora as leis do trânsito ao levar o filho ao hospital após um acidente. Uma parte de nós quer abraçar esse discurso — como é bonito e emocionante pensar em Deus, como um Pai amoroso, que ignora todas as regras estabelecidas por ele mesmo, em nome do amor que sente por suas criaturas caídas! Contudo, o quão bíblica é realmente essa afirmação?

Em sua ânsia para enfatizar, talvez de maneira criativa e emotiva, que o Evangelho é melhor que a Lei, o pastor americano se perde na teologia. A Lei precisa ser apagada e ignorada (inclusive pelo

---

13 Steven Furtick. Disponível em: www.facebook.com/watch/?v=1093531844001563. Acesso em: 10 de fevereiro de 2025.

próprio Deus!) para que o Evangelho brilhe e seja eficaz? Deus escolheu deixar nossa incapacidade de cumprir a Lei de lado e ignorar nosso pecado, em nome do amor? A Lei é, realmente, o problema?

O exemplo desse sermão ilustra bem a ideia do antinomianismo, termo cunhado por Lutero em 1539, ao juntar duas palavras do Grego: *anti* (contra) e *nomos* (lei). Historicamente, antinomianistas são aqueles que afirmam que a Lei deve ser usada somente no momento da conversão para nos levar à cruz; uma vez salvos, ela precisa ser ignorada, dando lugar à liberdade do Evangelho. Assim sendo, o antinomianismo cria, como disse Ryan Reeves, um cristianismo sem convicção de pecado, com o arrependimento como evento único que não precisa ser repetido[14]. Claro que, a partir dessa definição, cria-se várias vertentes e possibilidades – desde os que acreditam na liberdade como permissão para todo e qualquer modo de vida até os mais moderados em suas práticas.

Você provavelmente já ouviu, assim como eu, várias vezes, que Jesus é amor e que aqueles que mostram qualquer tipo de ódio (independentemente

---

14 Ryan Reeves. What is Antinomianism and who teaches it? Disponível em: www.thegospelcoalition.org/article/what-is-antinomianism-and-who-teaches-it. Acesso em: 10 de fevereiro de 2025.

de como a palavra se defina) não podem ser realmente seguidores do Jesus dos Evangelhos. Cria-se, então, uma dicotomia entre o Deus do Antigo Testamento (e da Lei) e o Deus no Novo Testamento (e do Evangelho, ou da graça). Por vezes, cria-se até um antagonismo entre Deus Pai e Deus Filho, com o primeiro cheio de ira, e o segundo, de amor. Assim, se os legalistas se agarram à Lei em busca de aplacar a ira do Deus do Antigo Testamento os antinomianistas fazem da graça uma cama na qual descansam no amor-sem-convicção-de-pecado do Deus do Novo Testamento. Dois extremos, um erro: a má compreensão da graça e, em última instância, do próprio Deus.

Dois testamentos, um só Deus

Parece-me irônico que algumas pessoas olhem para o Antigo Testamento e enxerguem um Deus de ira. Digo irônico porque percebo nas páginas dos livros bíblicos históricos e proféticos um Deus que, vez após vez, concede misericórdia imerecida a homens e mulheres completamente falhos. De Adão e Eva a Davi, passando por Jacó e seus descendentes no deserto, os humanos da narrativa do Antigo Testamento não são heróis da fé que um Deus carrasco punia sem motivos, pelo contrário. O Deus do

Antigo Testamento surpreende tanto quanto o Deus encarnado dos Evangelhos ao se revelar perdoador apesar de ter todo o direito de destruir aqueles que repetidamente o negavam.

Isso não deveria nos surpreender, uma vez que, desde a primeira história da Bíblia — aquela no jardim —, Deus se revela misericordioso ao matar um animal inocente para cobrir a vergonha dos seres humanos pecadores (cf. Gênesis 3:21), o que se torna um belíssimo prenúncio de seu plano de salvação prometido nos profetas, concretizado nos Evangelhos e defendido e propagado nas epístolas. O cordão escarlate do Evangelho perpassa todo o Antigo Testamento e revela um Deus que não planejou a salvação de seu povo como uma decisão tardia realizada no Calvário, mas como uma decisão tomada antes da fundação do mundo — um plano proposto pelo Pai, realizado pelo Filho e aplicado pelo Espírito Santo.

Quando lemos o Novo Testamento, quantas vezes vemos a frase: "de acordo com as Escrituras"? Toda vez que os autores dos Evangelhos ou das epístolas citam "as Escrituras", trata-se do Antigo Testamento, mostrando como a história de Deus e seu desejo de habitar com seu povo não foi algo inaugurado em Cristo, mas concretizado nele. É significativo notar, então, que os próprios autores da nova "aliança" (que é o significado de "testamento") não faziam uma diferenciação entre o Deus de outrora e o de agora; portanto, não o façamos nós. Há apenas um Deus, com um coração por homens pecadores, de Gênesis a Apocalipse. O próprio Cristo, depois de ressurreto, provou isso quando, na estrada de Emaús, "Então, começando por Moisés e por todos os profetas, explicou-lhes [a seus discípulos] o que constava a respeito dele em todas as Escrituras" (Lucas 24:27, acréscimo adicionado).

Perdão e punição

Uma dúvida pode ainda permanecer: se o Deus do Antigo Testamento é o mesmo do Novo, por que inicialmente temos a Lei e todos os seus comandos difíceis e cansativos e posteriormente encontramos liberdade no Evangelho? É aqui, precisamente, que está nosso ponto deste capítulo. Minha defesa é que a Lei não é um compilado de regras exaustivas, mas um reflexo do coração de um Deus amoroso. Comecemos por olhar para a passagem de Êxodo 34, na qual Deus entrega a Moisés as novas tábuas da Lei para o povo de Israel. Veja a declaração de Moisés:

> Senhor, Senhor, Deus compassivo e misericordioso, paciente, cheio de amor e de fidelidade, que mantém o seu amor a milhares e perdoa a

> maldade, a rebelião e o pecado. Contudo, não deixa de punir o culpado; castiga os filhos e os netos pelo pecado de seus pais, até a terceira e a quarta gerações. (v. 6-7).

A palavra "contudo" é chave, pois demarca a possibilidade de duas coisas aparentemente antagônicas serem partes de um mesmo Deus. Primeiro, Moisés louva o Senhor por ser compassivo e misericordioso. Essa declaração, é importante notar, vem logo após a patética ocasião no deserto em que o povo escolhe adorar um deus bezerro de ouro em vez do verdadeiro Deus que os havia libertado da escravidão. Talvez justamente por causa desse acontecimento, Moisés declare o outro lado dessa moeda: Deus não é somente misericordioso, mas também um justo juiz que não deixa de punir o pecado. Como as duas coisas — *perdão* e *punição* do pecado — podem fazer parte do mesmo Deus? A resposta é: na expiação.

Esse termo teologicamente carregado significa que algo ou alguém toma o castigo da punição pelo pecado de outrem de maneira a render como inocente o verdadeiro culpado. Lembra do que já falamos sobre Deus matar um animal no Éden para cobrir Adão e Eva (cf. Gênesis 3:21)? Ali vemos a primeira instância de expiação. Na Lei mosaica, dada ao povo de Israel no deserto, esse conceito se estabelece como mandatório.

A famosa expressão "bode expiatório" vem justamente da prática encontrada em Levítico 16, capítulo da Bíblia que descreve "o dia da expiação" — um ritual sanguinário em favor do povo. Primeiro, o sumo sacerdote deveria sacrificar um novilho para expiar o seu próprio pecado e de sua família; depois, dois bodes deveriam ser separados para a expiação dos pecados do povo, e sortes seriam lançadas para ver qual seria "para o Senhor", ou seja, morto; e qual seria o "bode emissário", que carregaria, de maneira metafórica, os pecados para longe de Israel.

O autor da carta aos Hebreus traz uma explicação do dia da expiação à luz da vinda do Messias. De acordo com ele, a expiação que o sumo sacerdote fazia todo ano, ainda que tivesse sido ordenada pelo próprio Deus, "não podia dar ao adorador uma consciência perfeitamente limpa" (Hebreus 9:9). Era, então, a Lei ineficaz? Não! Era necessária.

Deus é santo e completamente puro, e qualquer ser imperfeito que tentasse se aproximar dele sem se purificar primeiro seria automaticamente morto. Quando a expiação dos animais é estabelecida, reflete a misericórdia de Deus de preparar um caminho, uma maneira, para que o povo pudesse estar em sua presença sem ser consumido. Entretanto, assim como o autor de Hebreus tão poeticamente explica, esses sacrifícios eram insuficientes para aplacar a ira santa de Deus contra o pecado de uma vez por todas, de tal maneira que precisavam ser repetidos vez após vez, ano após ano. Quando Jesus encarna, cerca de dois mil anos depois de a Lei mosaica ser dada ao povo, os israelitas ainda cumpriam os rituais de expiação no templo, e os próprios pais de Cristo, José e Maria, ofereceram o pagamento necessário de acordo com a Lei quando ele nasceu (cf. Lucas 2:21-24).

Compreendemos, então, que a Lei, ainda que insuficiente para prover expiação total e eterna, era necessária como um espelho que mostrava ao povo o quão aquém eles estavam de serem capazes de, por si mesmos, criarem uma ponte até Deus. Os mandamentos de purificação e os comandos legais eram um holofote que constantemente iluminava a imperfeição humana em constraste com a perfeição divina. Para esse propósito, era necessária e eficaz, e assim permaneceu até a vinda do Messias prometido.

Voltemos, então, à minha pergunta: como é possível que tanto o perdão quanto a punição do pecado pudessem fazer parte do mesmo Deus? Eu havia dito que a resposta é a expiação, mas na verdade a resposta completa é a expiação do Cordeiro de Deus que, de uma vez por todas, tira o pecado do mundo.

Jesus e a Lei

Seguindo na visão do autor de Hebreus, Jesus Cristo é melhor — que os anjos (cf. 1:4); que os profetas (cf. 1:1-2); que os sacerdotes levitas (cap. 7); que Moisés (cf. 3:3). Capítulo após capítulo, esse livro abrilhanta o quanto o Messias é superior a todas as coisas das quais os judeus tinham tanto orgulho. Com essa perspectiva, é possível que confirmemos a dicotomia entre o Antigo e o Novo Testamentos, como se Cristo anulasse tudo que o autor de Hebreus coloca como inferior a ele. Será que dizer que Cristo é superior a esses elementos históricos israelitas implica que tais coisas precisam ser totalmente ignoradas, inclusive a Lei?

Vimos que os livros narrativos do Antigo Testamento nos provam que os seres humanos são incapazes de seguir a *Torá* de maneira perfeita. Logo após essas narrativas, porém, encontramos os livros proféticos que registram as palavras de Deus para o povo declaradas por intermédio de homens imperfeitos, mas escolhidos para serem os porta-vozes divinos. Esses profetas declararam que, um dia, Deus tiraria o coração de pedra do povo, ao qual Moisés fez alusão, e lhe daria um coração de carne, capaz de adorá-lo. A forma como Deus cumpriria esse propósito seria por intermédio de um Messias, um Salvador perfeito.

Juntos, "a Lei e os Profetas" formavam o que os judeus do tempo de Cristo compreendiam como a Palavra de Deus, e é por isso, justamente, que vemos o próprio Jesus declarar, "Não pensem que vim abolir a Lei ou os Profetas; não vim aboli-los, mas cumpri-los" (Mateus 5:17). Ou seja, Jesus confirma que ele não via a Lei e os Profetas como algo a ser ignorado uma vez que o Messias — ele mesmo — tivesse chegado, mas algo a ser cumprido de maneira total. Isso é contrário ao antinomianismo, não? O próprio "Deus de amor", Jesus Cristo, declarou que a Lei precisa ser satisfeita, não de maneira parcial, mas total e completamente.

Cristo afirmou que o pensamento dos judeus sobre o que é a Lei era, na verdade, apenas uma visão enevoada da verdadeira Lei. No Sermão do Monte, ele declara: "Vocês acham que não matar é cumprir a Lei? Pois eu os digo que até mesmo o ódio que vocês sentem muito antes de chegarem ao homicídio quebra a Lei" (Mateus 5:21-22, NVB-P). Ou seja, os judeus achavam que a régua da santidade era alta, mas Jesus a coloca em um nível tão elevado que se torna impossível — e era exatamente esse o ponto. Como disse Deus pela boca do profeta Jeremias: "[os israelitas] não me ouviram [à minha voz], nem me deram atenção. Antes, seguiram as maquinações rebeldes do seu coração. Andaram para trás, não para frente" (Jeremias 7:24, acréscimo adicionado).

Os israelitas, os judeus da época de Cristo e nós — todos são total e completamente incapazes de cumprir a Lei.

Aqui o cristianismo se torna, em minha opinião, a mais maravilhosa e inacreditável religião do mundo — Deus não abandona suas criaturas à mercê da própria pequenez a ponto de tentarem comprar o favor divino como os deuses de religiões pagãs. O Deus cristão não está longe dos humanos, mas perto, tão perto que se fez um deles.

No livro de Ezequiel, vemos a resposta de Deus à incapacidade humana: "eu salvarei o meu rebanho [...]. Porei sobre eles um pastor, o meu servo Davi, que cuidará delas [das ovelhas]; cuidará delas e será o seu pastor" (Ezequiel 34:22-23, acréscimo adicionado). Quem é esse pastor, descendente do rei Davi, que cuidará do povo de Deus e permitirá que o Senhor possa declarar que será o Deus daquele povo? "Eu sou o bom pastor", disse Jesus, "conheço as minhas ovelhas, e elas me conhecem, assim como o Pai me conhece e eu o conheço, e dou a minha vida pelas ovelhas" (João 10:14-15). O próprio Deus desceu ao mundo que criou, se tornou como uma de suas criaturas, de maneira a salvar suas criaturas ao *cumprir* a Lei e os Profetas.

Jesus Cristo viveu a vida perfeita que nós jamais poderíamos viver, morreu a morte que nós merecíamos, e ressuscitou da morte de maneira a vencê-la, para que nós recebêssemos vida — e tudo isso por um amor que, de acordo com o apóstolo Paulo, é o cumprimento da Lei e dos Profetas (cf. Romanos 13:8). Aquele pastor americano que citei chegou próximo da verdade, mas errou grandemente em sua conclusão. Não, Deus não quebrou a Lei por amor. Deus cumpriu a Lei por amor.

E o que sobra para nós?

Se Cristo cumpriu a Lei e os Profetas, os antinomianistas não estão certos? Não seria correto afirmar que a nós nada mais cabe senão descansar no cumprimento da Lei pelo Cordeiro? Sim e não. O apóstolo Paulo explorou muito esse conceito de Lei e graça em suas cartas às igrejas primitivas, em especial na carta aos gálatas.

Os irmãos da igreja da Galácia deixavam o coração do apóstolo Paulo profundamente entristecido ao, depois de terem ouvido o Evangelho da graça de que Deus cumpriu a Lei por amor, voltarem a se colocar sob o jugo da escravidão da Lei, pois tentavam encontrar salvação por meio do cumprimento da Lei. Os gálatas estavam caindo na armadilha dos legalistas. Paulo, como um perfeito legalista em recuperação (cf. Filipenses 3:4-6), declara com firmeza e amor que estava admirado que os gálatas "[tivessem] abandonando tão rapidamente aquele que os chamou pela graça de Cristo, para seguirem outro evangelho" (Gálatas 1:6, acréscimo adicionado). O alerta de Paulo era claro: parem de acreditar nas mentiras dos falsos líderes; vocês não precisam cumprir regulamentos dados por eles para encontrarem o favor de Deus. Esse não é o Evangelho da graça de Cristo, mas *outro* evangelho, que promove a autossalvação; um conceito tão perigoso quanto absurdo.

Ao primeiro olhar, então, a carta aos gálatas pode parecer confirmar o antinomianismo. Entretanto, lembremos que o autor dela é o mesmo da carta aos Romanos que disse, também firmemente: "Que diremos então? Continuaremos no pecando para que a graça transborde? De maneira nenhuma! Nós, os que morremos para o pecado, como ainda viveremos nele?" (Romanos 6:1-2). É nessa tensão entre salvação e santificação que o verdadeiro cristão deve permanecer. Na verdade, creio que apóstolo disse uma frase, em Romanos, que joga o antinomianismo e o legalismo por terra: "E então? Vamos pecar porque não estamos debaixo da lei, mas da graça? De maneira nenhuma!" (Romanos 6:15).

As palavras de Paulo aniquilam o antinomianismo, uma vez que declaram que não vamos continuar pecando porque a graça nos alcançou. O cristão não cospe no presente da salvação que lhe foi dado ao voltar ao lamaçal do seu passado pecaminoso.

Vivemos na luta pela santificação: todo dia: matamos o velho eu e a carne. Ao dizer que não estamos mais debaixo da Lei, Paulo dá, por outro lado, o golpe final no legalismo — não somos mais escravos do "faça isso, não faça aquilo", porque o Cordeiro de Deus já cumpriu a Lei e os Profetas e propiciou nosso pecado de uma vez por todas. O que nos define agora não é mais sermos legalistas ou libertinos, mas *escravos de Deus* ou, como Paulo propõe, escravos da justiça (cf. Romanos 6:18).

Percebe como a Lei não é, realmente, o problema dos legalistas em recuperação, como Paulo e eu? O antídoto para esse pecado que tanto me assola e desanima não é ignorar o Antigo Testamento ou declarar agora que sou livre em Cristo para fazer o que quiser. O remédio para a doença do legalismo em mim e em você, e isso o apóstolo Paulo sabia bem, é nada além da maravilhosa graça de Cristo.

3
O PROBLEMA

Nunca fui fã de esportes, e o futebol americano em especial não tem muito da minha atenção na TV. Entretanto, como moro nos Estados Unidos, uma vez ao ano, me sento com vários amigos e familiares para dedicar cerca de três horas da nossa vida ao famoso Super Bowl, a final do campeonato. Para minha alegria, o Super Bowl não tem relação apenas com o esporte em si, mas é quase igualmente importante pelos intervalos comerciais. Empresas pagam milhões de dólares para terem a oportunidade única de apresentarem seus curtos vídeos diante dos olhos da nação inteira (e até mesmo de pessoas de outros países que também se interessam pelo esporte queridinho dos americanos). Em um desses domingos, entre propagandas de detergentes e de carros, ficamos perplexos e confusos diante da TV.

Àquela altura do dia, já nos minutos finais do jogo, estávamos só meu marido e eu em nossa sala quando começou um vídeo que prendeu nossa atenção: com fotos em preto e branco, o comercial mostrava pessoas gritando umas com as outras, dedos em rostos, dentes à mostra, pescoços com veias saltadas que acusavam gritos. "Sobre o que será esse comercial?", um de nós falou. Ficamos vidrados enquanto imagem após imagem aparecia e nos perguntávamos se seria para algum partido político ou campanha social. Ao final da compilação de imagens, a seguinte mensagem apareceu na tela: "Jesus amou as pessoas que nós odiamos".

Creio que meu marido e eu soltamos um suspiro audível de surpresa. *Jesus*? Tínhamos acabado de ver o nome do nosso Senhor na tela da TV durante a programação anual de maior audiência do país! Mais do que isso: havíamos visto uma mensagem sobre a *graça* de nosso Senhor. Seria possível? Em um país dividido como os EUA, onde falar de fé de maneira pública é geralmente visto como uma péssima e arriscada escolha, alguém tinha pagado milhões de dólares para dizer que Jesus *ama* enquanto nós *odiamos*?

Ficamos perplexos. Imediatamente abrimos nossos sites de busca para compreender melhor sobre essa campanha corajosa, e descobrimos que seus organizadores a nomearam *He Gets Us*

(Ele nos entende, em português). O site da campanha dizia, quando foi lançado: "embora você possa ver as pessoas religiosas como hipócritas ou críticas, saiba que Jesus também viu isso — e ele também não gostou. Em vez disso, Jesus ensinou e ofereceu compaixão radical e defendeu os marginalizados".[15]

Ali estava, diante de toda a nação, uma declaração que prova minha visão neste livro: o cristianismo se tornou, aos olhos do público geral, uma religião de hipócritas críticos, a ponto de um grupo de seguidores de Jesus sentirem a necessidade de "limpar" o nome de Cristo perante o país de certa forma, ao tentarem trazer aquilo que ele realmente pregou em contraste com aquilo que muitos de seus seguidores têm pregado. Uma campanha de marketing bem-sucedida ou um verdadeiro movimento de volta à graça — confesso que ainda não sei dizer ao certo o que é o *He Gets Us*, pois não tenho como conhecer o coração de seus organizadores e financiadores. Sei que, pessoalmente, abraço essa ideia. Creio que Jesus Cristo ama aqueles que odiamos e creio no que está escrito em uma das camisetas do movimento, que eu orgulhosamente visto por aí: **O ódio grita alto, mas Jesus amou mais alto ainda.**[16]

15 Disponível em: hegetsus.com/en/about-us.
16 Em inglês: "Hate is loud. Jesus loved even louder".

A crueldade dos "seguidores" de Cristo

Os Estados Unidos de 2025 não são a primeira nação a descobrir a extensão da hipocrisia dos cristãos. Na verdade, nas cartas apostólicas, há várias exortações contra esse tipo de comportamento, que já acontecia nas primeiras igrejas. Enquanto eu fazia pesquisas para a escrita deste livro, encontrei material sobre legalismo e hipocrisia religiosa datando de muitos anos atrás, alguns da década de 1990, e outros de agora. Ou seja — não há nada novo debaixo do sol (cf. Eclesiastes 1:9).

Por que, então, sinto a necessidade de trazer ainda mais um material literário sobre o tema? Creio que, primeiramente, por minha vivência na pele das repercussões de tais atitudes. Como sou pessoa pública, é esperado que eu receba mensagens e comentários, vez ou outra, com críticas. Realmente não me importo com isso — em uma sociedade democrática, deveria ser normal que pessoas tenham divergência de pensamentos. O que me deixa chocada, vez após vez, é a falta de amor com que tais divergências são expressas *por aqueles que se denominam seguidores do Príncipe da Paz.*

Meu motivo pessoal de sofrer ocasionalmente com tais atitudes, porém, é apenas a ponta do *iceberg*. Afinal, o que são comentários de "vai lavar uma louça, sua feminista" quando comparados a pessoas que sofrem linchamento de seus próprios familiares "em nome de Cristo"? Ou comparados a jovens que sofrem abusos sexuais e, quando encontram a coragem para conversar com seus pastores sobre o assunto, ouvem: "O que você fez para o abusador se sentir tentado sexualmente?"?

Não estou exagerando. Conheço pessoas que viveram tais situações e, por isso, abandonaram a igreja; algumas delas, até mesmo a fé. Ainda que eu creia na existência de alguma semelhança entre os ataques que recebo na internet e as demais situações, você há de concordar que são diferentes em essência. Por isso, creio ser importante distinguir o *legalismo* entre cristãos e a *crueldade* ou, em certos casos, *ação demoníaca* vinda de pessoas infiltradas no cristianismo, mas que não são realmente templos do Espírito Santo de Deus.

O título desta obra, *Legalistas em recuperação*, pressupõe que os leitores sejam cristãos que reconhecem, ou estão no processo de reconhecer, o legalismo no próprio coração. Meu desejo é que nós — uma vez que eu me incluo nesse grupo — possamos descobrir como nos aproximarmos do coração da graça de Cristo. Entretanto, creio que seja necessário primeiro expor as situações mais extremas, aquelas que ocorrem pelas mãos de pessoas cruéis que têm afastado as ovelhas de Cristo de seu aprisco. Quer seja para nos abrir os olhos ou para que possamos encontrar um espaço seguro para dizer: "Isso aconteceu comigo também", quero que falemos sobre a crueldade nas igrejas evangélicas. Uma vez que falarmos desse extremo, podemos voltar nossos olhos para nós mesmos e apontar os traços mais sutis do nosso legalismo, se é que podemos assim denominá-los.

Durante o processo de pesquisa para esta obra, tive o privilégio de entrevistar pessoas que se consideram *vítimas de cristãos professos* (algo que, por definição, não deveria existir, mas infelizmente existe aos montes). Um dos entrevistados abandonou a igreja evangélica depois de uma situação gravíssima de abuso doméstico de um pastor que vitimou sua irmã. Ela foi expulsa da comunhão daquele corpo quando pediu o divórcio. O entrevistado era pastor da comunidade e abandonou tudo. Já o pastor abusador em questão permanece como líder daquela igreja ainda hoje, segundo o entrevistado, e continua tendo o apoio da liderança eclesiástica; a vítima, por sua vez, também abandonou a fé. Durante as pesquisas, li também o terrível caso de uma adolescente que ateou fogo ao próprio corpo depois de ser fisicamente agredida por seu pai, um pastor, que disse que ela cometeu o "grave crime" de aparar as pontas do cabelo.

Esses casos americanos, em específico, refletem outros tantos que acontecem diariamente também no Brasil e nos mostram algo que vai além de um legalismo que divide e machuca o Corpo de Cristo: de maneira muito mais profunda, nos aponta ações cruéis que, em minha opinião, estão tão distantes do coração de Deus que tenho dificuldades em classificá-las como vindas de cristãos. Tais casos não se encaixam naquilo que tenho identificado como legalismo no escopo deste livro, mas em casos criminais que deveriam ter sido levados à justiça secular humana — um pelo acobertamento de um abusador pelos líderes da igreja; outro pelo abuso físico de uma filha causado pelo próprio pai. Esses casos não são de intervenção eclesiástica apenas, mas primariamente casos de polícia.

Em 2022, tive o privilégio de escrever o prefácio de uma obra chamada *Refúgio bem presente*, da autora Hannah Fordice, que trata de abusos domésticos e de como a igreja precisa se preparar para lidar com aqueles que acontecem dentro de suas portas. Quero deixar claro que, quando eu falo de legalismo dentro das igrejas e de como precisamos tratá-lo, não me refiro aos casos de abuso que precisam de intervenção legal.

Quando maridos agridem as esposas em o nome da "submissão exigida por Deus às mulheres", o pastor não precisa "meter a colher" na briga, precisa "meter a polícia". Quando pais esbofeteiam filhas por estarem de calça, não de saia comprida, o irmão da igreja não precisa ir ao lar orar por eles, precisa chamar o delegado. Espero que isso fique claro, e não tenho medo de ser considerada dura demais. Creio que muitas igrejas, infelizmente, é que têm sido mansas demais em relação aos abusos que ocorrem de maneira velada em sua congregação. Deus nos ajude a quebrar esse ciclo cruel sem tentar tratá-lo como "simples legalismo", mas que sejam entendidos como o que realmente são: ações pecaminosas e até mesmo demoníacas.

O legalismo e suas áreas cinza

Creio ser de grande importância diferenciarmos o que realmente é legalismo entre cristãos da crueldade abusiva. Entretanto, apesar de que eu gostaria que a teoria fosse assim tão facilmente explicada, no estilo "preto no branco", sei que as áreas cinza são abundantes.

Quando, então, uma atitude deixa de ser legalismo e se torna abuso? Não pode o legalismo ser abusivo em si mesmo? É possível um cristão verdadeiro abusar espiritualmente de alguém ou esse é um pecado exclusivo dos lobos em meio às ovelhas? Confesso que essas perguntas às vezes me deixam acordada no meio da noite. Não há resposta conclusiva e única — cada situação de legalismo e abuso é tão única quanto as pessoas nela envolvidas.

Para exemplificar as áreas cinza das quais falo, gostaria de compartilhar algumas histórias de pessoas as quais tive o privilégio de ouvir. Apesar de não exemplificarem toda a gama de possíveis legalismo nas igrejas, essas histórias nos ajudam a compreender situações que, infelizmente, não são raras ou únicas. Ao ler esses relatos de quem foi vulnerável o suficiente para compartilhar sua dor de maneira sincera, peço que faça o seguinte movimento interno: analise sua própria jornada e veja se existe alguma ferida do legalismo causada por outros em você — o primeiro passo para a cura, afinal, é o reconhecimento da dor. Segundo, observe também se talvez você já tenha praticado algum tipo de legalismo proposital ou inadvertidamente. O processo de afastamento de nossos pecados também só pode começar depois do reconhecimento de cada um deles.

- *Robbie*[17]

Quero começar com a história de meu amigo Robbie, que já citei anteriormente. Como eu disse, envolve crime (acobertamento de abuso), mas é também mais profunda e cheia de nuances. Robbie cresceu indo à igreja evangélica e, quando ainda era jovem, tornou-se líder de adolescentes. Apesar de

17 Todos os nomes originais foram substituídos, a fim de manter a privacidade dos entrevistados.

sua experiência de vida cercada de cristãos, Robbie me confessou não se sentir em um relacionamento com Deus; disse viver no automático e fazer o que era considerado o correto por aqueles a seu redor. Por seguir a maré da vida cristã automática, Robbie se casou e continuou seu trabalho na liderança da juventude de sua igreja. Ele viveu assim por anos.

Até o dia que sua irmã lhe confessou algo terrível — o marido dela, pastor da mesma igreja, a agredia fisicamente. Por não saber mais o que fazer, depois de tentar convencer o esposo a procurar ajuda e receber como resposta recusa após recusa, ela decidiu buscar a rota do divórcio. Robbie, claro, apoiou sua irmã e foi com ela a uma reunião com a liderança da igreja para denunciar o lobo em meio às ovelhas que se dizia pastor.

Naquela reunião, Robbie viu o mundo virar de cabeça para baixo. Os pastores, em vez de apoiarem e protegerem a ovelha ferida, se recusaram a acreditar no relato de agressões. Eles excomungaram a irmã de Robbie da comunhão daquela igreja por ter decidido se divorciar. Ainda hoje, Robbie me contou, o pastor abusador permanece na equipe de liderança daquele corpo local.

Atualmente, Robbie e sua irmã não congregam mais em igrejas cristãs. Quando perguntei a ele qual mensagem deixaria aos cristãos, ele disse de maneira honesta: “Eu queria que eles soubessem que a maioria das pessoas que menos se parece com Cristo que conheço são as que se dizem cristãs". Para ele, os cristãos são os que trazem consigo o discurso: ou você se conforma às nossas regras, ou não existe para nós.

- *Phillip*

Outro amigo meu, Phillip, é um cristão que permanece na fé apesar de sua experiência com o legalismo vindo de liderança eclesiástica. Membro da mesma igreja por anos, líder de louvor e solteiro, certa noite Phillip se relacionou sexualmente com uma moça que havia conhecido pouco tempo antes. Arrependido, Phillip levou a moça até sua casa, pediu perdão a ela, e passou boa parte da noite pedindo perdão a Deus. Na manhã seguinte, enviou outra mensagem de perdão à moça, e foi buscar aconselhamento com seu líder de pequeno grupo, alguém que ele considerava um mentor e amigo.

Aquele que deveria ter reconhecido um jovem contrito e arrependido de seu pecado, na verdade só viu um pecador sujo. Phillip foi removido de todos os seus serviços na igreja e passou a receber tanto olhares como discursos de julgamento e culpa constantes vindo de seu mentor e da família dele. Acusado, inclusive, de coisas que nunca tinha sequer feito, Phillip se viu carimbado com uma nova identidade: aquele que caiu.

Hoje, mais de dez anos depois, o relacionamento de Phillip com aquele líder continua quebrado. Meu amigo descobriu que não foi a única vítima de tratamento legalista por parte daquele homem, outros rapazes também tinham sido julgados e criticados, inclusive um deles mudou de igreja por isso. Ainda que, pela graça de Deus, Phillip não tenha abandonado a fé por causa desta situação, as sequelas dela reverberam ainda hoje, e Phillip confessa ter dificuldade de confiar em líderes eclesiásticos; por vezes, tem medo de compartilhar seus pecados com eles. Os rótulos mentirosos dados a Phillip também assombram sua mente até este momento e o fazem duvidar de si mesmo e de Deus.

- *Maya*

Quando conheci Maya, fiquei admirada por seu coração — ela ama pessoas ferozmente. Entretanto, sempre me pareceu que parte de quem ela era estava enterrada e escondida, apesar de ela ser aparentemente tão aberta e vulnerável. Certo dia, depois de anos de amizade, ela me revelou essa parte que mantinha na escuridão: Maya lutava contra desejos homossexuais.

Seguidora de Cristo apaixonada, minha amiga não dava vazão a seus sentimentos e mortificava regularmente seus pecados, o que inclui seus desejos homossexuais. Mas foi por causa dessa luta que

Maya começou a olhar o cristianismo com olhos mais críticos. Quando me sentei para entrevistá-la para este livro, ela me disse que havia passado por um processo de desconstrução de crenças que, apesar de dolorido, não havia eliminado seu amor ou fé em Jesus como o Cristo. Entretanto, ainda que sua fé estivesse intacta, sua confiança na igreja institucionalizada não estava. Assim como muitos outros, Maya começou a notar a profunda hipocrisia de muitos que se denominam cristãos: falta de amor entre os que se chamam irmãos; julgamento ácido dos que lutam contra determinados pecados rotulados por eles como piores que seus próprios; abusos escondidos; entre muitíssimos outros problemas.

Maya está cansada – não de Cristo, mas de seus seguidores. E ela não é a única.

O que esses relatos de meus três amigos têm em comum, ainda que sejam diferentes em suas nuances? Em minha análise, o fermento dos fariseus.

O fermento dos fariseus

No Evangelho de Lucas, capítulo 12, enquanto uma multidão cercava Cristo, "a ponto de atropelarem umas às outras", Jesus chama para perto os seus discípulos e diz as famosas e duras palavras:

"Tenham cuidado com o fermento dos fariseus, que é a hipocrisia" (v. 1). Note que não foi às multidões que ele proferiu essas palavras, mas àqueles que estavam próximos, querendo segui-lo de perto. É aos seus, os cristãos, que Jesus faz o alerta: a hipocrisia é um perigo que precisa ser evitado.

Os fariseus, aqueles a quem Cristo estava condenando, eram hipócritas porque mostravam-se santos e piedosos exteriormente, enquanto em seu interior fervilhava justiça própria para mascarar seus pecados arraigados. A parábola do fariseu e do publicano, de Lucas 18, é o exemplo perfeito disso, e o Evangelho diz que o público a quem Cristo a dirigiu era justamente "A alguns que confiavam na sua própria justiça e desprezavam os outros" (v. 9).

Os líderes da igreja de Robbie, que acobertaram um lobo devorador e excluíram uma ovelha ferida de seu aprisco, foram hipócritas. O mentor de Phillip, que rotulou um filho de Deus perdoado como sujo, foi hipócrita. As igrejas que desprezam e julgam Maya pelo pecado que ela tenta mortificar diariamente são hipócritas. Hipócritas porque cada um dos três deveriam ter sido abraçados pelos seguidores do Cristo que morreu para perdoar e proteger, mas foram, na realidade, julgados, excluídos, desprezados. Hipócritas porque, enquanto apontavam dedos, esqueceram-se de olhar para dentro de si mesmos. O fermento dos fariseus é o denominador comum de cada uma das histórias de meus entrevistados e, infelizmente, de cada uma das histórias dos que foram machucados pelo legalismo da igreja.

O alerta de Cristo aos discípulos sobre a hipocrisia veio logo após uma repreensão direta aos líderes espirituais, no capítulo 11 de Lucas: "Vocês, fariseus, limpam o exterior do copo e do prato, mas o interior de vocês está cheio de ganância e de maldade" (v. 39). Os Mestres da Lei, ofendidos com o que Jesus falava, partem para a defensiva. Mas o que Jesus responde a eles é o alerta que mais resume, creio eu, o objetivo desta minha obra: "Quanto a vocês, peritos na lei, ai de vocês também! Porque sobrecarregam os homens com fardos pesados que dificilmente eles podem carregar, e vocês mesmos não levantam nem um dedo para ajudá-los" (v. 46). Veja se não é aqui que se encaixa cada líder que machucou meus amigos e que, geralmente, machuca outras ovelhas em nome do legalismo? Esses fardos da expectativa de perfeição que eles impõem sobre os ombros de outros são pesos que eles mesmos nem sequer carregam, mas quebram as ovelhas e afastam muitas delas da fé.

E veja o que é mais triste: são justamente esses fardos que Jesus Cristo, o Filho de Deus, morreu para tirar dos ombros de suas ovelhas amadas. O quão grave é, então, essa acusação aos líderes? Além dos líderes, Jesus fala a muitos de nós que temos também pesado nossos próprios ombros com culpa e autocondenação? Essa busca por perfeição, pelo cumprimento total da Lei, não é somente hipócrita, é também soberba. Há apenas Um capaz de cumprir a Lei por completo e ser o sacrifício perfeito de obediência sem falhas, e não somos nós. Quando colocamos sobre nós ou sobre outros essa expectativa, estamos sendo orgulhosos — e ridiculamente não realistas — a ponto de nos considerarmos capazes de agir como somente o próprio Deus pode agir.

O fermento é o ingrediente que, uma vez adicionado à receita, se espalha por toda a massa. Jesus queria que os discípulos ficassem alertas ao perigo de permitir que a hipocrisia religiosa se espalhasse, criasse religiosos autocentrados, cheios de justiça própria. Infelizmente vemos hoje o fermento dos fariseus de fato espalhado pela igreja de Cristo, afugentando as ovelhas e protegendo os hipócritas. O chamado de Jesus permanece o mesmo, mas profundamente diferente do chamado dos legalistas: "Venham a mim todos os que estão cansados e sobrecarregados, e eu darei descanso a vocês" (Mateus 11:28).

Descanso, amados. É essa a promessa de Deus àqueles que reconhecem o peso sobre seus ombros. Para quem olha no espelho e vê um pecador completamente incapazes de perfeição. O Deus manso e humilde não veio para condenar, mas para salvar e oferecer um tipo diferente de jugo. Não nos enganemos: é impossível viver sem um jugo, sem um senhor; mas é possível escolher qual tipo de senhorio queremos — um hipócrita que vê nossos ombros cheios de peso e adiciona ainda mais enquanto nos açoita; ou um suave e leve, pois o Mestre já carregou o peso sobre si uma vez que sabia que nós jamais conseguiríamos, por mais que tentássemos.

A campanha *He Gets Us* nos diz que há um cristianismo diferente do que tem sido visto, porque há um Cristo diferente do que tem sido pregado. Esse "deus" cujos seguidores hipócritas espalham ódio, julgamento e peso não é o Deus da Bíblia. Não! O Deus a quem eu sirvo vestiu-se em humanidade, compreendeu absolutamente todas as nossas fraquezas, tomou-as sobre si e disse: "Descansem. Está consumado". Esse Deus realmente nos entende, e é a esse Deus que quero servir e cujo jugo quero tomar sobre meus ombros. Esse Deus é real, por mais que às vezes eu pense ser bom demais para ser verdade.

Eu gostaria que Robbie, Phillip e Maya compreendessem que o que receberam de cristãos não representa o Jesus Cristo dos Evangelhos. Creio que está na hora de levarmos a sério o fato de que muitas de nossas atitudes se assemelham muito mais àqueles que Jesus condenou vez após vez no relato dos Evangelhos do que com o próprio Cristo que dizemos seguir. Nosso Senhor disse, em sua oração sacerdotal, que o mundo reconheceria que ele é o Filho de Deus por causa não de nossa perfeição em seguir a Lei, mas de nossa unidade com nossos irmãos (cf. João 17:23).

Ah, que possamos honrar o desejo de nosso Senhor em sua oração horas antes de sua morte e representar ao mundo o Cristo manso e humilde. Como sonho com o dia em que os cristãos serão conhecidos por seu amor, não por seu ódio.

4
CERCAS E MESAS

Uma loja nos Estados Unidos atrai vários cristãos por alguns motivos: primeiro, os donos se denominam cristãos e publicamente declaram sua fé; inclusive, algumas decisões dos proprietários se tornaram manchete em jornais nacionais (até mesmo extremas e controversas).[18] Segundo, várias das peças de decoração da loja contêm versículos bíblicos e frases de cunho motivacional. Como sou casada com um designer, é de se imaginar que, em minha casa, busquemos manter um senso de estética, e a maioria dos quadros da loja em questão não se encaixam, necessariamente, no nosso gosto específico. Entretanto, um deles me marcou

18 Disponível em: www.themarysue.com/the-hobby-lobby-controversy-explained. Acesso em: 7 de março de 2025.

profundamente quando o vi e nunca mais me esqueci do que dizia (ainda que a escolha da fonte da arte não fosse uma que eu teria feito): "Quando você tiver mais do que precisa, construa uma mesa maior, não uma cerca mais alta"[19].

- *Mais do que precisamos*

Em 2015, depois de uma conversa com meu então namorado, decidi que era o momento de alterar o nome do meu blog de *Truth Faith Love* (Verdade Fé Amor) para um nome em português. Toda vez que eu conhecia alguém novo e queria compartilhar sobre meus escritos, era uma novela: "Como soletra? Será que a gente acha um papel para você escrever o nome?". Outras pessoas apenas me davam um sorriso amarelo, e eu sabia que elas nunca iriam, de fato, tentar achar o URL. Então, fiquei com o dilema: qual nome colocar?

Por algum motivo que, confesso, não me recordo, eu estava com a música *After the Storm* (Depois da tempestade), da banda Mumford & Sons na cabeça, e uma frase em específico saltou aos meus olhos: "Suba sua colina e veja o que você encontra lá, com graça em seu coração e flores em seu cabelo"[20].

---

19 "When you have more than you need, build a longer table not a higher fence." [Tradução livre.]

20 "Get over your hill and see / What you find there / With grace in your heart /And flowers in your hair." [Tradução livre.]

Ali, simples assim, decidi o novo nome do meu blog que viria, anos depois, a virar meu ministério — Graça em flor. A ideia era mostrar a graça desabrochando em mim, prestes a florir, embelezar, criar raiz e gerar vida.

A ideia da graça de Deus estava tomando nova forma em meu coração em 2015. Aquele ano, meu então noivo disse as palavras que mudaram minha vida, sobre não precisar ser perfeita para ser amada. Eu estava começando a ter meu coração transformado para compreender que Deus não me tratava com desprezo e desapontamento, mas realmente me amava. Assim, *graça* parecia ser minha palavra do momento, o conceito resumia tudo o que eu estava aprendendo e explicava as novas cores que explodiam no meu mundo outrora preto e branco.

O dicionário online Priberam da Língua Portuguesa define *graça* como um favor, uma benevolência.[21] Mas um dicionário bíblico aprofunda o conceito ao dizer que "graça é aquele favor imerecido de Deus para com os homens caídos, pelo qual, por amor de Cristo — o unigênito do Pai, cheio de graça e verdade (João 1:14) — ele providenciou a

21 Disponível em: dicionario.priberam.org/gra%C3%A7a. Acesso em: 7 de março de 2025.

redenção dos homens"[22]. Quando nós pensamos ter "mais do que precisamos", o conceito de graça nos leva a seu mais profundo significado: recebemos do Senhor do Universo a redenção por meio do sacrifício do seu Filho quando merecíamos ira e morte por nossos pecados contra ele.

Não há sequer um cristão no mundo que possa dizer não ter mais do que precisa. Quando alcançamos essa percepção, não nos resta outra atitude senão uma de profunda generosidade — não somente generosidade financeira, no sentido de literalmente ampliar nossa mesa e colocar mais água no feijão, mas também uma generosidade espiritual, com a qual não assumimos o pior de nossos irmãos que discordam de nós e não os julgamos, criticamos e excluímos por não viverem o cristianismo de acordo com nossos padrões. Recebemos tão mais do que merecemos, estamos cheios de bênçãos espirituais a ponto de transbordar. Precisamos construir mesas maiores.

- *Cercas mais altas*

Uma vez que recebemos a realidade em Cristo pela graça, e temos muito mais do que precisamos, não

---

22 "Grace, therefore, is that unmerited favor of God, toward fallen men, whereby, for the sake of Christ — the only begotten of the father, full of grace and truth (John, 114) — he has provided for men's redemption." NIV Dictionary of the Bible. [Tradução livre.]

deveríamos continuar a ver hipocrisia e legalismo nas igrejas, que têm cercas construídas cada vez mais altas, para separar *nós* — os cristãos verdadeiros — *deles* — os pecadores sujos. Pensar no outro com essa mentalidade de "nós *x* eles" é que tem criado o caos que temos visto no mundo — direita *x* esquerda; homens *x* mulheres; jovens *x* velhos; conservadores *x* progressistas; etc. Infelizmente, vemos essa divisão adentrando as igrejas que deveriam representar a beleza da diversidade. Agora temos, em questão de doutrinas, calvinistas *x* arminianos; cessacionistas *x* continuístas; complementaristas *x* igualitaristas; amilenistas *x* pós-milenistas *x* pré-milenistas; etc. E em questões de vida prática, calças *x* saias; terno *x* roupa casual; consumo de álcool liberado *x* condenável; tatuagem *x* não tatuagem; cabelos compridos *x* curtos; etc. Os campos de pensamento e opinião são muitos; e as cercas, igualmente abundantes.

O apóstolo Paulo disse firmemente aos irmãos da igreja de Éfeso que o Senhor Jesus é a paz que une judeus e gentios, faz deles um só povo, e destrói a *cerca da inimizade* (cf. Efésios 2:13). As diferenças entre os judeus e gentios, sobre quem Paulo escrevia na carta, eram muito maiores que as nossas, pois eram culturais, políticas, étnicas e profundas. Se compararmos, nossas diferenças são tão pequenas. Judeus e gentios precisavam aprender a aceitar que Cristo já havia removido a cerca que eles fingiam ainda estar lá.

Note que curioso: a Bíblia não diz que nós temos a responsabilidade de derrubar as barreiras. Ela diz que Jesus Cristo já o fez. Nosso papel é parar de viver como se elas ainda existissem. Perceba o quão patéticos nós somos quando agimos como se uma cerca estivesse bem à nossa frente, mas nada está ali. Somos como o imperador tolo na história A *roupa nova do imperador* — andamos por aí ignorando nossos irmãos, fingimos ser incapazes de vê-los porque há uma cerca entre nós até que alguém grita, nos tirando de nossa cegueira orgulhosa: "O imperador está nu!".

Apesar da profunda diferença de identidade que judeus e gentios tinham, o apóstolo Paulo mandou-lhes viver à luz da cerca inexistente, pois o Espírito de Cristo os empoderava para isso. Esse Espírito habita em mim e em você e nos permite também deixar de viver na hipocrisia e divisão.

Não me entenda mal, não digo que não deveria existir debates dentro da comunidade cristã, tampouco que deveríamos ser relativistas e nunca nos posicionar em determinados campos de pensamento e doutrina. Eu mesma escrevi um livro inteiro sobre feminilidade com vários posicionamentos firmes.[23] Entretanto, não deveríamos con-

23 Francine Veríssimo Walsh. *Ela à imagem dele*: A *identidade feminina à luz do caráter de Deus*. São Paulo: Mundo Cristão, 2024.

denar quem discorda de nós nem ter a soberba de regular quem é crente verdadeiro ou não, baseado em nossas experiências e opiniões. Fica, então, a pergunta: como podemos encontrar o equilíbrio entre discussões saudáveis e destrutivas? Creio que a resposta está no que os teólogos chamam de triagem de doutrinas.

O doutor em teologia Albert Mohler compara questões doutrinárias com uma sala de espera de uma emergência hospitalar e seu sistema de triagem. Quando chegam três pacientes — um com um dedo quebrado; o segundo com um ferimento de faca na perna; e o terceiro com um ferimento de bala no peito —, a equipe médica precisa fazer uma triagem de urgência; afinal, ainda que todos os ferimentos sejam importantes de serem tratados, nem todos precisam de tratamento urgente. Assim, também é necessário que façamos uma triagem das doutrinas e crenças cristãs — todas são importantes de serem estudadas e discutidas, mas a urgência com que as tratamos é diferente.

Com essa ideia em mente, o dr. Mohler separa três ordens de doutrinas, as quais resume da seguinte maneira:

> Questões teológicas de primeiro nível incluiriam aquelas doutrinas mais centrais e essenciais para a fé cristã. [...] Essas doutrinas de primeira ordem

> representam as verdades mais fundamentais da fé cristã, e uma negação dessas doutrinas representa nada menos que uma eventual negação do próprio cristianismo. [...]
>
> O conjunto de doutrinas de segunda ordem se distingue do conjunto de primeira ordem pelo fato de que os crentes cristãos podem discordar sobre as questões de segunda ordem, embora esse desacordo crie limites significativos entre os crentes. [...]
>
> Questões de terceira ordem são doutrinas sobre as quais os cristãos podem discordar e permanecer em estreita comunhão, mesmo dentro das congregações locais.

Em outras palavras: as únicas doutrinas que deveriam, de fato, criar cercas entre cristãos e não cristãos são as de primeira ordem. Entretanto, o que ocorre em várias igrejas é que doutrinas de segunda e até mesmo de terceira ordens tomam proporções que não cabem a elas e criam divisões no Corpo de Cristo. Questões como batismo, pastorado feminino, eleição dos crentes, milênio, vestimentas, dietas, são todas doutrinas que não deveriam causar separação. Entretanto, são essas que mais causam legalismos e debates acirrados. Abandonamos a posição de defesa firme dos pontos que realmente importam — divindade de Cristo, Trindade, autoridade das

Escrituras, entre outras — para brigar por assuntos menores.

Mais do que isso, criamos uma geração de guerreiros de teclado, pessoas que só sentem prazer ao defender a fé na internet com comentários ácidos que trariam vergonha a eles mesmos se fossem feitos cara a cara. Sabe o que me parece mais irônico? Geralmente esses guerreiros da internet são defensores ferrenhos da Reforma, mas ferem o conceito de *Sola Fide* (Somente a fé), adicionando obras à salvação. Essa pode parecer uma afirmação forte demais, mas não é exatamente isso que fazemos quando dizemos a nossos irmãos na fé que "a não ser que eles (insira aqui uma opinião não central à fé), não são crentes"? Creio que está na hora de os cristãos reconhecerem o perigo e o pecado de suas ações legalistas. Onde Deus derrubou cercas, não cabe a nós fingir vê-las. Em doutrinas de primeira ordem, posicionamento firme. Em doutrinas de segunda e terceira ordens, debate saudável entre irmãos.

- *Mesas maiores*

Quando eu era criança, uma das minhas ocasiões preferidas era quando minha família toda se juntava para fazer pamonha — como você já pode imaginar, cresci no interior de São Paulo, puxando o "r" na fala e cantando sertanejo (o raiz, não o universitário).

Meus tios montavam mesas grandes na garagem da casa dos meus avós e todos nos sentávamos ali — avós, tios, primos, "agregados" (como meus avós carinhosamente chamavam os namorados e noivos adentrando a família) — e cada um tinha seu ofício: uns descascavam a espiga, outros cortavam o milho, outros moíam... Até que, ao final do dia, todos desfrutavam do fruto do labor, pamonhas deliciosas.

Não acho que as pamonhas, em si, sejam o motivo da minha memória afetiva, ainda que eu tenha muita saudade delas, o que realmente me marcou e ficou carimbado em minha mente é a lembrança de olhar para os lados e ver todos que eu amava, dos mais novos aos mais velhos, trabalhando juntos, rindo e se divertindo. Para minha pequena mente de 7 ou 8 anos, aqueles momentos ao redor da mesa eram minha definição de comunidade. Ali, naquela casa simples em uma cidade minúscula e linda, uma criança aprendia um conceito profundamente escatológico — a mesa é o lugar da família.

O Senhor Jesus Cristo, enquanto estava encarnado, tomou parte em várias mesas. Entretanto, não era com os israelitas que se autodenominavam dignos e santos que ele partilhava o pão, mas com inesperados companheiros de refeições — pecadores e publicanos. Tão inesperada era essa partilha, que "os fariseus e os mestres da lei o criticavam [dizendo]: 'Este homem recebe pecadores e *come com eles*'"

(Lucas 15:2, acréscimo e grifo adicionados). Ali estava um rabino que não se sentava exclusivamente com outros professores da Lei e pessoas importantes da nação, mas também com os mais marginalizados e rejeitados da sociedade. Não é de surpreender que Jesus tenha atraído tanto ódio e confusão.

O Evangelho de Lucas nos conta sobre várias mesas às quais Jesus se assentou, e quero que olhemos para as pessoas que estavam presentes para analisarmos se, quando olhamos ao redor de nossas próprias mesas, literais e espirituais, temos visto pessoas parecidas com as que faziam companhia a nosso Mestre.

Os inimigos (Lucas 5:27-32 e Lucas 19:1-10)

Na época de Cristo, os coletores de impostos eram vistos pelos judeus como inimigos, uma vez que, sendo judeus, escolhiam ajudar a opressora Roma coletando dinheiro de seus concidadãos. Quando Jesus chama Levi (ou Mateus) para segui-lo de perto, o outrora inimigo oferece um banquete, provavelmente cheio de alegria pela oportunidade. Ali, à mesa de Levi, os discípulos de Jesus recebem uma repreensão em forma de pergunta dos fariseus: "Por que vocês comem e bebem com publicanos e pecadores?". A resposta do Messias nos confronta: "Não são os que têm saúde que precisam de médico, mas sim os *doentes*. Eu não vim chamar justos, mas *pecadores* ao arrependimento" (Lucas 5:31-32, grifos adicionados).

Outro inimigo dos judeus, chamado Zaqueu, também recebeu Cristo à sua mesa. Novamente, o relato de Lucas diz que as pessoas murmuravam ao ver um rabino sentado com um pecador, mas mais uma vez Jesus declara que veio salvar os pecadores perdidos.

Cristo se assentou com os pecadores, mas muitos de nós queremos nos sentar apenas com os justos. A ironia é que nós, que nem sequer chegamos aos pés de Cristo no que diz respeito à justiça, nos autodeclaramos justos demais para compartilhar a mesa com "pecadores" e nos esquecemos que todos nós, sem exceção, somos os pecadores dos quais Jesus falava.

Os fariseus (Lucas 11:37-53; 14:1-24; 7:36-50)

É importante notarmos que Cristo não recusava sentar-se com os próprios fariseus e mestres da Lei. Àqueles que estivessem dispostos a sentar-se com ele, Jesus mostrava reciprocidade. Em Lucas 11 e 14, vemos o Senhor em refeições oferecidas por fariseus, nas quais também estavam presentes mestres da Lei. Em ambas, Cristo foi colocado "contra a parede" com perguntas sobre os tópicos mais debatidos entre eles, com o objetivo de vê-lo tropeçar em seus ensinamentos.

Uma situação que sempre me chama a atenção, entre essas refeições de Jesus com os fariseus, aconteceu na casa de um deles, chamado Simão, relatada em Lucas 7. Durante a refeição, uma mulher conhecida naquele lugar por ser uma pecadora (seja lá o que isso implicasse) achega-se aos pés de Jesus e os unge com suas lágrimas e com suas finanças, uma vez que ela derrama nos pés do Senhor um unguento que equivalia, em valor, ao salário de vinte meses de um trabalhador comum. Lucas faz um contraste, aos seus leitores, entre a mulher pecadora e o fariseu, mostrando com isso que a forma que Jesus tratava as pessoas era oposta à esperada de um rabino judeu.

Enquanto a mulher enxugava os pés de Jesus com suas lágrimas, Simão disse em seu interior: "Ah, se esse rabino soubesse quem é essa mulher, ele jamais se deixaria ser tocado por ela". Cristo, conhecendo os pensamentos do fariseu, lhe propõe uma história sobre dois devedores cujas dívidas foram perdoadas por um credor. Um devia muito, outro devia pouco. Quem, Jesus propõe, amará mais ao credor ao final do dia? "Suponho que aquele a quem foi perdoada a dívida maior", responde Simão. E nisso Jesus vira-se para a pecadora e declara, com toda autoridade, "Seus pecados estão perdoados". A Bíblia não nos relata a reação do fariseu, mas gosto de pensar que ele entendeu a mensagem — o Messias veio chamar e salvar pecadores, como aquela que Simão não considerava digna de estar ao redor de sua mesa, e não aqueles que pensam ser importantes o suficiente para abrirem para si mesmos as portas dos céus.

Os amigos (Lucas 24:28-32; 36-43; João 21)

Uma imagem que muito me comove ao tentar recriar em minha cabeça é a de Jesus assentado à mesa com os seus amigos mais próximos, aqueles que ele escolheu a dedo e chamou com um simples: "Siga-me". Fico imaginando as risadas que eles deram juntos, as lágrimas compartilhadas, as repreensões amorosas, os olhares cúmplices que apenas os melhores amigos podem entender.

Felizmente, temos registradas na Palavra algumas dessas ocasiões. Uma delas aconteceu após a ressurreição do Senhor quando ele apareceu a dois discípulos na estrada de Emaús. Aqueles dois amigos de Jesus estavam profundamente entristecidos, porque aquele que eles pensavam ser o resgatador de Israel havia sido assassinado em uma cruz romana. Quando o Senhor aparece a eles, os dois amigos não o reconhecem, mas o escutam atentamente, e ele explica como o Messias estava em todas as páginas das Escrituras, de Moisés até os profetas (cf. Lucas 24:27). Provavelmente intrigados por tal explicação, os dois convidam o novo companheiro de viagem a juntarem-se a eles para uma refeição e, quando Jesus parte o pão, os olhos outrora cegos se abrem e reconhecem o Messias, o Amigo, diante deles.

A exclamação que se segue é uma das minhas preferidas em toda a Bíblia. Os amigos perguntam um ao outro: "Não ardia o nosso coração enquanto ele nos falava no caminho e nos explicava as Escrituras?" (Lucas 24:32). Estar com Jesus queima nosso coração e acende em nós uma afeição que só ele pode despertar. Depois de partir o pão com os dois discípulos, Cristo aparece também aos Onze reunidos em Jerusalém e senta-se à mesa com eles, expondo-lhes as Escrituras a seu respeito e abrindo os olhos deles para entendê-las.

Ainda mais uma vez, após isso, Jesus apareceu aos seus discípulos, agora em uma praia. Simão Pedro, Tomé, Natanael, João, Tiago e dois outros discípulos, sem saber qual passo dar como seguidores de Jesus, voltaram a seus barcos e deram continuação ao ofício de pescadores. Enquanto estavam no mar, depois de não terem tido sucesso em sua pesca, os discípulos avistam um homem na praia que pergunta: "Filhos, vocês têm algo para comer?"

(João 21:5). Assim como os discípulos a caminho de Emaús, os pescadores não reconhecem o Senhor até que ele os manda jogar as redes ao mar mais uma vez e repete o milagre que fez quando chamou Simão Pedro, anos antes, para segui-lo (cf. Lucas 5:1-11). Ali, naquela praia, o Senhor Jesus, em seu corpo ressurreto, compartilha um café da manhã com seus amados amigos.

Confesso ser essa a minha história preferida dos Evangelhos, porque à mesa praiana nós vemos a restauração do apóstolo Pedro, meu preferido dos Doze (podemos ter preferidos?). Esse acontecimento ocorre não muito depois da crucificação, quando Pedro tinha negado seu Amigo e Senhor três vezes. E, à mesa praiana, Jesus pergunta a seu amigo, *três vezes*, "Simão, filho de João, você me ama mais do que estes?". A primeira vez que ouvi um pregador apontar a conexão entre essas passagens, chorei feito criança. Que bondade do Senhor em dar a Pedro a oportunidade de afirmar seu amor três vezes e substituir a tripla negação! À mesa de Jesus, há espaço para seus amigos e suas dúvidas e falhas. Mais do que isso, há lugar para que seus pecados sejam perdoados e redimidos.

- *Banquete para todos os povos*

Em sua última refeição com seus amigos, Jesus introduziu o conceito da Santa Ceia — um momento solene em que os redimidos pelo sacrifício do Cordeiro de Deus podem refletir, em comunidade, sobre a graça, desfrutando da mesa. No momento em que o Cristo estava prestes a beber do cálice da ira de Deus, ele deu a seus amigos mais próximos um cálice diferente, o de esperança. Àquela mesa, Jesus faz alusão à profecia de Isaías, que diz:

> Neste monte o Senhor dos Exércitos preparará **um farto banquete para todos os povos**, um banquete de vinho envelhecido, com carnes suculentas e o melhor vinho. Neste monte ele destruirá o véu que envolve todos os povos, a cortina que cobre todas as nações. Ele tragará a morte para sempre. O Soberano Senhor enxugará as lágrimas de todo rosto e retirará de toda a terra a zombaria do seu povo. Foi o Senhor quem o disse. (25:6-8, grifo adicionado)

Com os olhos fitos na esperança do porvir é que nós, ainda hoje, tomamos a Santa Ceia com nossos irmãos. Ali, na mesa em que representamos o próprio Cristo como nosso Pão da Vida, deveríamos poder olhar ao nosso redor e imaginar, com olhos escatológicos, o dia porvir em que estaremos todos juntos à mesa do Cordeiro, sem véus cobrindo a glória do Senhor. Pessoas de toda tribo, língua e nação; com opiniões diferentes, partidos políticos opostos, gostos e doutrinas divergentes... Todos unidos como a Noiva do Cordeiro, que ele comprou por alto preço. Cada um com seu lugar à mesa, agora já sem divisão. Aquelas pessoas de que você possivelmente não gosta, com quem briga nas redes sociais, a quem tem excluído da comunhão do Corpo... Elas estarão com você para sempre, louvando o Rei dos Reis.

Na mesa do Senhor há lugar para todos que ele ama — *foi o Senhor quem o disse!* Me pergunto se podemos dizer o mesmo sobre as nossas mesas. Ah, que ele nos ajude a sermos verdadeiramente família.

5
O AMIGO DE PECADORES

E se eu dissesse a você que existe um Jesus que prepara cafés da manhã para seus amigos, que abraça aqueles que o negam e que ri — não somente sorri, mas *ri* — à mesa com os seus? Eu conheci esse Jesus no fatídico ano de 2020, e nunca mais o abandonei pelos diversos Jesus falsificados que já tinha conhecido por aí. Esse Jesus é o que faz cristãos ao redor do mundo, ainda hoje, dizerem "Vale a pena" para vidas de tortura e martírio. É o Jesus que fez missionários abandonarem tudo o que tinham para irem pregar sobre ele a povos desconhecidos. É o Jesus que os apóstolos amaram até à morte. Esse Jesus, manso e humilde, fez o apóstolo Paulo declarar que a vida tem valor se vivida por ele e a morte é lucro. Deixe-me ter o prazer de apresentar a você esse Jesus, o amigo de pecadores.

Meu verdadeiro relacionamento com esse amável Senhor começou no meio da pandemia por covid-19. Enquanto vivíamos em quarentena, e estávamos há meses sem ver de perto humanos além dos que habitavam sob nosso teto. Eu estava lavando a louça enquanto meu marido trabalhava no sofá e nossa bebê de alguns meses tirava uma soneca. O audiolivro que eu ouvia tinha sido escolhido de certa forma aleatoriamente, mas agora eu estava em lágrimas diante da pia, onde as gotas salgadas se misturavam ao sabão. O autor do livro dizia aos meus ouvidos: "Vez após outra, são os moralmente nojentos, os socialmente desprezados, os inescusáveis e indignos que não só recebem a misericórdia de Cristo, mas são a quem Jesus mais naturalmente se inclina. Como seus inimigos disseram, ele é "amigo de pecadores" (Lucas 7:34)"[24]. Seria possível? Eu não conseguia acreditar. Ia contra tudo que eu tinha escutado minha vida inteira.

Eu me lembro que passei muito tempo pesquisando sobre a obra. Tentei encontrar alguém que a apontasse como herética, mas, no fundo de minha alma, estava esperançosa de não encontrar críticas, porque eu *queria* que tudo aquilo fosse real. O que encontrei foram apenas autores e pastores em quem

24 Dane Ortlund. *Manso e humilde.* Rio de Janeiro: Thomas Nelson Brasil, 2021. p. 27.

eu confiava endossando o livro publicamente. A obra em questão, *Manso e Humilde*, de Dane Ortlund, recebeu vários prêmios literários, entre eles o 2020 *Accessible Theology Book of the Year*[25] (Livro do Ano de Teologia Acessível) pela revista WORLD e o 2020 *Best Popular Theology Book* (Melhor Livro de Teologia Popular) pelo The Gospel Coalition; vendeu mais de 200 mil cópias somente da versão em inglês em seu ano de lançamento e se tornou meu livro preferido da vida. Não existe alguém que tenha passado mais de algumas horas comigo que não tenha ouvido sobre meu amigo Dane e seu maravilhoso *Manso e humilde*.

A ofensa da amizade de Cristo

Dane Ortlund não foi o primeiro a descobrir o coração de Cristo, tampouco os puritanos cujos escritos ele estudou para escrever seu livro. Creio que foi, na verdade, a própria geração que conviveu com Cristo encarnado e que o chamou, em tom acusatório, de *amigo de pecadores*. No Evangelho de Lucas, capítulo 7, os discípulos de João Batista se aproximam de Jesus e lhe perguntam, em nome de

25 Disponível em: rushtopress.org/7794-2. Acesso em: 7 de março de 2025.

João, que estava preso, se ele era de fato o Messias ou se deviam esperar por outro.

Cristo, então, cita o profeta Isaías para declarar que ele era aquele que havia vindo para trazer cura e libertação, e termina com uma frase-chave: "Bem-aventurado aquele que não tropeça por minha causa" (Lucas 7:23). Tanto o profeta Isaías quanto o apóstolo Pedro muitos séculos depois escrevem sobre o Messias como sendo uma pedra de tropeço, no sentido de que aqueles que nele não cressem o veriam não como precioso, mas como algo a ser rejeitado. O alerta de Jesus aos discípulos de João se baseia nesse conceito. É como se ele dissesse: "Esta geração não me vê como quem eu sou — a pedra preciosa e angular —, mas como *vocês* me veem? Serão felizes por crerem, ou condenados por não crerem?".

Na continuação do capítulo, vemos que Jesus se voltou, então, para os seus discípulos e começou a dar testemunho de João Batista, explicando que ele era aquele do qual os profetas falaram, e que seria o último profeta, abrindo e preparando o caminho para o Messias. Entretanto, assim como o próprio Cristo não era o que os israelitas esperavam, João também não era — um homem de roupas de pêlos de camelo, cujo alimento era gafanhotos e mel silvestre (cf. Mateus 3:4). João era visto como um extremista que não comia pão nem bebia vinho

— ou seja, que não aproveitava as coisas boas e básicas da vida —, e os homens o chamavam de endemoniado. Por outro lado, Jesus foi também tachado de extremista, pois, ao comer pão e beber vinho, o chamavam de bêbado e glutão, e amigo de pecadores e publicanos.

Eu me surpreendi quando notei pela primeira vez a expressão que tanto amo, "amigo de pecadores", usada de maneira pejorativa contra Cristo. Ao usar essa combinação de palavras, os acusadores de Jesus declaravam que ele se associava com quem era considerado como escória da sociedade — os que não se encaixavam na expectativa de pureza e religiosidade dos líderes fariseus. Em um contexto cultural em que a pureza, cerimonial e social, era profundamente prezada, acusar Cristo de se associar com os impuros era uma ofensa enorme.

Os fariseus encontravam no Messias uma pedra de tropeço, e, como disse o apóstolo Pedro, foram esmagados por ela, enquanto os "pecadores", que assim se enxergavam, encontraram a preciosidade de Cristo e foram achados como "geração eleita, sacerdócio real, nação santa, povo exclusivo de Deus", pois aqueles que antes não haviam recebido misericórdia, agora recebiam misericórdia (cf. 1Pedro 2:9-10). Felizes são aqueles que não acham em Cristo motivo de tropeço. Será que fazemos parte desse grupo?

Nossos pensamentos duros de Deus

O escritor Thomas Goodwin, em seu livro *The Heart of Christ* [O coração de Cristo], diz que nós, humanos, temos a tendência de ter pensamentos duros sobre Deus. Presumimos que sua perfeição é proporcional à sua ira e ao ressentimento contra suas criaturas imperfeitas e por isso cremos que ele "tem uma disposição severa e azeda contra os pecadores, e não é capaz de suportá-los"[26].

Talvez você, como eu, tenha passado a maior parte de sua vida cristã com a convicção de que Deus não suporta você, e por isso seus pensamentos duros sobre Deus são constantes. Talvez seja mais fácil, inclusive, mantê-los, porque a frequência da sua crença em um Deus severo acabou se tornando confortável, um lugar seguro. Mas, quando Jesus teve a oportunidade de apresentar seu coração, ele não disse que sua essência era "severa e azeda". Muito pelo contrário, ele se autodeclara "manso e humilde". Enquanto nós não nos despirmos das crenças erradas sobre o coração de Deus por nós, continuaremos vivendo vidas cristãs zumbis: meio mortos, meio vivos. Não há poder para santificação quando o Deus que cremos servir é um tirano com

26 Thomas Goodwin, *The Heart of Christ*. Edimburgo: Banner of Truth, 2011. [Tradução livre.]

um chicote nas mãos. Por que eu iria querer me submeter e render totalmente a alguém em quem não posso realmente confiar? Se serei punido e envergonhado por meu próximo erro, qual a diferença de servir a Deus ou ao Diabo? Não fariam ambos o mesmo?

Percebe como nossos pensamentos duros sobre Deus são pecaminosos? Colocamos nosso Senhor, Rei de Amor e Príncipe da Paz, no mesmo patamar do pai da mentira, o tirano que escraviza, tortura e mata. Como ousamos diminuir ou alterar a essência do coração do Deus do Universo? Toda vez que pensamos que Deus é contra nós, não *por* nós, como ele mesmo prometeu, nos colocamos arrogantemente como patéticas criaturas que acusam o Senhor de ser como nós: falso, inconstante, punitivo, injusto. Se o próprio Deus se declarou "rico em misericórdia" (cf. Efésios 2:4), nós o chamamos de mentiroso (e o quão forte é isso?) quando cremos que tal abundância não nos alcança, ou que nós somos algum tipo de exceção ao coração gracioso de Deus. Nossa incompreensão de Deus é o que nos transforma em legalistas, no final das contas. É porque não cremos que ele nos ama como promete amar que continuamos tentando comprar seu amor, e que permanecemos machucando nosso próximo para que ele garanta esse amor também. Creio, de todo meu coração que a cura para o coração legalista está na compreensão do coração de Deus por pecadores, e em parar de encontrar nele motivo de tropeço.

Um evangelho *bom*

Como já falei várias vezes nesta obra, fiquei sentada nos bancos da igreja minha vida toda, mas meu coração só adentrou a Igreja aos 16 anos. Eu me lembro de escutar sobre Jesus desde criança, mas muitas vezes o que eu ouvia dos púlpitos não era algo que fazia queimar meu coração ou chacoalhar minha alma. Na verdade, eu ouvia sobre um Jesus ora pedinte, ora raivoso.

Tenho a recordação de uma peça de teatro que fizemos, certa vez, para uma escola bíblica de férias. Nela, uma pessoa cantava a música "Não me falaram de Cristo" enquanto estava no inferno e chorava indiretamente culpando todo o público (crianças!) por sua situação. O Cristo apresentado nesse contexto é um pedinte passivo, que praticamente implora às almas que o aceitem e torce para que seus seguidores façam um bom trabalho de o apresentar às pessoas. Eu o imaginava com as mãos juntas, ajoelhado, na esperança de que alguém o escolhesse para "seu time" enquanto observava sentado os cristãos ganharem almas.

Por outro lado, também me lembro de quantas vezes ouvi sobre um Deus raivoso, cheio de ira, com flechas apontadas para seres humanos, à espera do próximo erro para atacar. Esse Jesus não era relacional ou amoroso, mas ressentido e julgador. Em "seu time" não havia espaço para os pecadores, somente para os perfeitos que usavam as roupas certas, as palavras certas e iam aos lugares certos. Esses, sim, de vez em quando, recebiam uma afirmativa de Cristo. Mas e os outros? A esses ele mantinha o mais longe possível de sua perfeição.

O autor Ray Ortlund (pai de Dane, aliás!) explica bem esses dois tipos de Jesus que encontrei em minha caminhada cristã:

> O "Jesus legal" é popular. Ele sempre sorri, sempre aprova, nunca discorda. Fica grato quando você aparece na igreja de vez em quando. E durante sua semana, não importa o que você faça, sempre pode contar com esse Jesus para dizer a você que vai ficar tudo bem e todos vão para o céu, porque todos são basicamente bons de coração. [...] "O Jesus mal" está sempre apontando suas deficiências. Seu melhor nunca é bom o suficiente. Esse Jesus severo, tão desapontado

com você, revira os olhos com um "Sério? Você fez isso de novo?".[27]

O primeiro Jesus é um resumo do antinomianismo; o segundo, do legalismo. Nenhum dos dois, como já argumentamos, representa verdadeiramente o coração de Cristo pelos pecadores. A verdade é que esses falsos evangelhos que pregam falsos Jesus não são poderosos para a salvação de almas, e eu vi isso de maneira pessoal. O primeiro Jesus me deixava completamente indiferente — porque vou querer deixar minha vida no altar de um deus tão impotente? O segundo me amarrou às suas correntes por anos, me prometeu que, se eu apenas fizesse mais e tentasse com mais empenho, poderia talvez entrar de fininho nos céus e viver eternamente em sua presença desapontada. Mas nenhum dos dois me convenceu de pecado ou me apresentou ao amor.

---

27 "The 'Feel-Good Jesus' is popular. He always smiles, always approves, never disagrees. He's just grateful when you show up in church now and then. And during your week, no matter what you do, you can always count on this Jesus to tell you it's going to be okay and everyone goes to heaven, because everyone is basically good at heart. [...] The 'Feel-Bad Jesus' is always pointing out your shortcomings. Your best is never good enough. This harsh Jesus, so disappointed with you, rolls his eyes with a 'Really? You did it again?'". Ray Ortlund, *The Death of Porn*. Illinois: Crossway, 2021. [Tradução livre.]

O verdadeiro Evangelho — as boas-novas de que Deus *amou* o mundo de tal maneira — é o único capaz de nos fazer curvar em adoração. É apenas um Jesus Cristo magnificente em graça e glória que pode nos fazer desejar uma *eternidade* gasta adorando seu nome. Se você me permite citar a mim mesma, há um trecho do meu romance cristão que resume bem esse sentimento. Dou a palavra, então, à minha protagonista, Cecília, em seu momento pós-conversão:

> Naquele ônibus de volta para a minha vida normal (e completamente diferente), eu me perguntava por que os pregadores que ouvi a vida toda gritavam tanto sobre o inferno quando o que realmente me levou a colocar minha fé em Deus tinha sido algo tão absurdamente contrário — sua bondade. Não que o inferno não fosse real ou necessário. Mas será que não deveríamos ouvir tanto sobre a beleza de Deus quanto sobre os terrores de sua ira? O medo do inferno nunca foi suficiente para me fazer abandonar meu amor por mim mesma, meus desejos e prazeres. Mas entender a beleza do amor de Jesus? Ah, me tirou do chão e me levou rumo aos céus, ainda na terra.[28]

---

28 Francine Walsh. *Bem sei que tudo podes*. Rio de Janeiro: Thomas Nelson Brasil, 2022. p. 194.

A ponderação de Cecília reflete meu coração legalista em recuperação — por que temos ouvido, de tantos púlpitos, sobre o falso Cristo "Jesus mal", quando o verdadeiro Cristo é tão melhor?

Tenho, em meu escritório, um quadro que foi um presente da minha igreja. Em um ano em que ajudei a ensinar as crianças durante nossa escola bíblica de férias, o tema das lições era a vida do apóstolo Pedro, e as ilustrações que usamos eram belíssimas. Em uma delas, vemos uma pintura de Jesus em uma praia, assando peixes e acenando para Pedro, que corre de dentro do mar ao encontro do Mestre na areia.

Ainda me lembro do rostinho das crianças quando eu disse, durante a história: "Você sabia que Jesus fez café da manhã para seus amigos?". Eu suspeitava que um Jesus que se preocupa em cozinhar para seus amigos não era o mesmo Jesus do qual elas já tinham ouvido em seus curtos anos de vida. Na verdade, eu mesma demorei quase trinta anos de vida para assimilar esse Jesus, e isso porque eu não ouvi sobre ele com frequência. Ora ouvia do "Jesus legal" ou do "Jesus mal", mas e do Jesus verdadeiro? Aquele que encontra seus amigos pecadores de braços abertos? Quase nunca. A questão é: se ele não aparece nos púlpitos de nossas igrejas, será que temos pregado o evangelho verdadeiro?

Se perguntássemos aos cristãos ao nosso redor sobre suas histórias de conversão ao cristianismo, me pergunto quantas delas começaram com uma conversa acusatória, com o medo do inferno pairando sobre a cabeça do evangelizado. Quantos realmente vão a Cristo motivados por nossos gritos de ódio e nosso destilar de julgamento?

Não me entenda mal, não estou dizendo que o verdadeiro evangelho não conclama ao arrependimento. O próprio Cristo disse: "Arrependam-se e creiam no evangelho" (Marcos 1:15). Mas ele não disse: "Venham até mim, porque o inferno é quente" ou "Seus ignorantes, parem de ir a certos *shows* e de usar certas roupas. Venham para a minha igreja".

O evangelho é maravilhoso e convincente porque nos apresenta a história absurda de um Deus Criador que se fez homem, sofreu como homem, viveu como homem, morreu como homem e voltou à vida — e isso tudo por amor. Nossa obediência é uma resposta a esse amor irresistível, não à condição para recebê-lo. O verdadeiro evangelho declara: porque Deus *amou* o mundo, arrependam-se dos seus pecados e recebam esse amor.

Um amor *leal*

Como escritora, uso várias palavras preferidas. Uma delas, provavelmente merecedora do meu TOP 5, é o termo hebraico *hesed*, ou *chesed*. Na verdade, amo tanto essa palavra que tentei convencer meu marido a colocarmos um inscrito dela em nossa aliança de casamento, mas ele achou que se parecia muito com o inglês “cheese”, e por mais que eu ame queijo, acabei tendo que concordar com ele e abandonar minha ideia.

A Língua Portuguesa não consegue capturar a essência do termo *hesed* de forma completa. Ele está traduzido em nossas Bíblias como “misericórdia”, “fidelidade”, ou simplesmente “amor”. Mas *hesed* vai além, e ao mesmo tempo engloba todas essas definições. Pessoalmente, a tradução que prefiro é “amor leal”, uma vez que a expressão trata de relacionamento – entre homens, ou entre Deus e os homens – e é mais bem compreendida como amor que nunca desiste, mas se manifesta em ação, não somente em sentimentos ou palavras. Um exemplo registrado na Palavra é a vida da estrangeira Rute que mostrou amor *hesed* para com sua sogra israelita ao abandonar tudo o que conhecia para se apegar a Noemi e viver ou morrer com ela. Cristo é, claro, o maior exemplo bíblico de *hesed*, e creio que, para compreendermos o coração dele por seus amigos pecadores, precisamos entender esse amor.

Duas instâncias na Bíblia que apresentam o amor *hesed* de Deus acontecem em momentos profundamente improváveis. Primeiro, logo após a idolatria de Israel ao bezerro de ouro no deserto.

Segundo, durante a destruição de Jerusalém que ocorreu como consequência do pecado de idolatria dos israelitas.

> Ele passou diante de Moisés, proclamando: "SENHOR, SENHOR, Deus compassivo e misericordioso, tardio em irar-se e cheio de amor leal e fidelidade". (Êxodo 34:6)

> Porque o Senhor não desprezará [Israel] para sempre. Embora ele traga tristeza, mostrará compaixão, tão grande é o seu amor leal [*hesed*]. (Lamentações 3:31-32, acréscimos adicionados)

A passagem de Lamentações continua dizendo que não somente Deus mostrará compaixão ao pecador arrependido, mas que "não é do seu agrado trazer aflição e tristeza aos filhos dos homens" (v. 33). Esse amor leal do Senhor é um reflexo profundo de quem ele é, em essência. A Bíblia nos diz que Deus é amor — não somente que ele sente amor, mas que o amor é parte de sua ontologia, de seu ser. O poder de Deus é um poder amoroso; sua justiça, uma justiça amorosa; e assim por diante, com todos os seus atributos.

Assim como é de nossa natureza humana caída ir naturalmente para o pecado, é da natureza perfeita de Deus ir para o amor. É como deixar um navio de papel em um riacho: ele acompanhará o rumo da água. Nosso navio sempre parte rumo ao pecado (exceto se tivermos o Espírito Santo e um coração regenerado). O navio de Deus sempre parte rumo ao *hesed*. Esse é seu coração.

De todas as muitas passagens bíblicas que tratam do amor leal de Deus, talvez a mais convincente esteja no poema de Salmos 136. Como uma narrativa poética da história do povo de Israel, essa canção chama aqueles que pertencem a Deus a se lembrarem da fidelidade do Senhor durante sua vida e a de seus antepassados, assim como à lembrança de que Deus não os salvou para que eles vivessem com dúvida de seu coração por eles. Na verdade, tudo o que Deus faz por nós é por causa de "seu amor [leal que] dura para sempre!" Sempre que seu coração se esquecer das multifacetadas maneiras pelas quais o Senhor mostra a você o amor divino em seu presente e passado, encorajo-o e ler em voz alta Salmos 136 e deixar que ele seja como um bálsamo para seu coração. Esse amor de outrora será, com certeza, também o amor do futuro. Podemos confiar nisso. Deixo aqui meus versos preferidos de Salmos 136, mas, por favor, não deixe de ler os 26 versículos na totalidade. Prometo que seu coração ficará agradecido.

> Deem graças ao Senhor, porque ele é bom;
> O seu amor leal dura para sempre.

Deem graças ao Deus dos deuses;
O seu amor leal dura para sempre.
Deem graças ao Senhor dos senhores;
O seu amor leal dura para sempre [...].
Ao que nos livrou dos nossos adversários;
O seu amor leal dura para sempre.
Ao que dá alimento a todos os seres vivos;
O seu leal amor leal dura para sempre.
Deem graças ao Deus dos céus.
O seu amor leal dura para sempre!
(Salmos 136:1-3, 24-26)

Amigo de quem?

Talvez seu coração esteja tão calejado com anos de legalismo e descrença no amor de Deus que ler um capítulo como este deixe-o incrédulo. Que Jesus seja amável, você consegue aceitar, mas amigo de pecadores como *você*? "Ah, Francine", você pensa, "você não sabe onde eu estive e o que eu já fiz". Para corações como o seu (e o meu!), eu quero trazer uma compilação de exemplos dos amigos de Jesus. A lista não é exaustiva, absolutamente *todos* que Jesus amou foram pecadores. Mas talvez, ao conhecer mais de perto alguns deles, você se convença de que, se Cristo pode amá-los, ele é capaz de amar você também.

- *Pedro*

Eu tinha que começar com meu querido apóstolo Pedro. Quando Jesus o chamou a segui-lo, ciente de sua própria limitação, Pedro declara, prostrado aos pés do Mestre, "Afasta-te de mim, Senhor, porque sou um homem pecador!" (Lucas 5:8). Quantas vezes Pedro diz a primeira coisa que passa por sua cabeça — desde se oferecer para fazer uma tenda para a aparição de Moisés e Elias (cf. Lucas 9:33) até se recusar a ter seus pés lavados por Cristo (cf. João 13:9)! Em uma dessas ocasiões ele diz algo tão absurdo que o amável Jesus o repreende firmemente, o acusa de estar sendo guiado pelo próprio Satanás; de modo egoísta, Pedro pensava não nas coisas de Deus, mas somente no próprio benefício (cf. Mateus 16:23).

O autor do evangelho de Lucas sente a necessidade até mesmo de adicionar, após registrar uma fala de Pedro: "ele não sabia o que estava dizendo" (cf. Lucas 9:33). É cômico, mas também é um chamado a nos enxergarmos em Pedro e em sua aparente incapacidade de acertar. Ainda assim, como já vimos, Jesus o oferece redenção até mesmo depois de seu pior erro — o abandono e negação no momento mais solitário do Mestre. Mais do que isso, Pedro recebe o chamado de apascentar as ovelhas do Bom Pastor, e acabou se tornando um dos principais líderes do cristianismo.

Se Pedro foi amado por Jesus, *você* também pode ser.

- *Jacó*

Eu quis ir até o Antigo Testamento para mostrar o coração do amigo de pecadores se revelando até mesmo antes da encarnação. Jacó é um dos personagens mais interessantes da Bíblia, na minha opinião. Seu próprio nome significa "traiçoeiro", e a partir disso você já começa a compreender meu sentimento confuso em relação ao favor de Deus demonstrado a ele. O apóstolo Paulo usa o fato de o Senhor escolher o egoísta e desleal Jacó como um exemplo da soberania divina ao declarar que Deus tem misericórdia e compaixão de quem ele quiser (cf. Romanos 9:13-15). Jacó roubou de seu irmão, Esaú, o direito a uma vida de privilégios ao enganar seu pai e receber a bênção da primogenitura.

Alguém tão desonesto não seria minha primeira escolha para continuar a linhagem de amor da qual viria o Cristo nem para ser um dos patriarcas da nação escolhida. Mas, se Jacó foi amado por Deus, *você* também pode ser.

- A *mulher samaritana*

O amor de Jesus por mulheres é um dos meus temas preferidos de estudo, e eu poderia escrever um livro inteiro sobre isso. Mas quero focar, por agora, em uma das muitas mulheres improváveis que foram recipientes do olhar afetuoso do Senhor – a mulher samaritana. A Bíblia, apesar de não nos dar o nome dessa mulher, garante que ela seja lembrada por todas as gerações de cristãos ao deixar registrado seu encontro com o Mestre.

Considerada a primeira missionária a seu próprio povo, a mulher de Samaria foi buscar água no poço no calor do meio-dia quando encontrou Jesus assentado, cansado de uma viagem (cf. João 4:1-26). Antes de ter uma conversa teológica sobre o significado da verdadeira adoração, Jesus declara à mulher coisas que somente Deus poderia saber sobre o passado dela – pecados pelos quais ela era conhecida e desprezada em meio aos seus. Mas, ao contrário de seus conterrâneos, Jesus não a julga por seus pecados, e pelos pecados cometidos contra ela, mas declara amorosamente, "Eu sou o Messias!".

Essa mulher, totalmente invisível em seu contexto e considerada como inimiga pelo povo de Deus, foi a primeira pessoa que recebeu da boca de Jesus a declaração de que ele é o Cristo. Se a mulher samaritana foi amada por Jesus, *você* também pode ser.

- *Paulo*

Considerado, possivelmente, o maior teólogo da Bíblia, o apóstolo Paulo começa sua história de maneira profundamente macabra — com um sorriso de aprovação enquanto Estêvão, um seguidor de Jesus, é apedrejado até a morte. A Bíblia diz que Paulo "respirava ameaças de morte contra os discípulos do Senhor" (Atos 9:1). Um assassino, direta ou indiretamente, Paulo faz que o chamado do Senhor pareça ser um erro. Às vezes, eu me pergunto se as famílias dos cristãos mortos por alguma ação de Paulo tiveram grandes dificuldades para aceitá-lo, uma vez convertido, no corpo de Cristo.

Ainda assim, Jesus pessoalmente chama Paulo para si e o transforma em um dos maiores apologistas e missionários que o mundo já viu. Se Paulo, com sangue nas mãos, foi amado por Jesus, *você* também pode ser.

Querido leitor, Jesus Cristo é, ainda hoje e sempre será, o amigo de pecadores. Ele não tem vergonha de se associar com os menores, os errados, os culpados e os cheios de sangue nas mãos e pecados na memória. Pelo contrário, é a esses que Jesus veio — aos doentes. O que nos custa receber esse amor avassalador e incompreensível? Correr para seus braços, reconhecer que somente ele pode nos limpar. Basta apenas isso, eu garanto. Corra ainda hoje, meu companheiro pecador. E seja bem-vindo, junto ao resto dos legalistas em recuperação, aos braços do Amor. A vida é abundante aqui.

6 AINDA ASSIM, OBEDECEMOS

Você já admirou tanto uma pessoa que, depois de um tempo, se pegou tentando ser como ela? Eu me lembro da primeira vez que li o livro *Deixe-me ser mulher*, de Elisabeth Elliot. Depois dele, devorei mais quatro ou cinco obras da autora. Em pouco tempo, estava tentando ser como ela: corajosa, séria, totalmente rendida ao Senhor. Nos meus anos de legalismo, Elisabeth parecia o modelo perfeito a ser seguido: missionária a um povo indígena por anos e, depois, escritora e professora da Bíblia de convicções firmes, especialmente em assuntos delicados como pureza sexual e feminilidade bíblica. Como diz o famoso ditado popular, para mim "era Deus no céu e Elisabeth na terra".

Os escritos de Elisabeth Elliot, ainda que fossem profundamente pessoais e relatassem partes de sua vida, não demonstravam vulnerabilidade e pareciam nunca mostrar muito do coração por trás da grande líder espiritual. Não sei se Elisabeth escreveu assim propositalmente, mas como resultado criei uma imagem plástica da escritora: alguém sem movimento, sem sentimentos, sem humanidade.

Elisabeth faleceu em 2015, e em 2019 foi lançada sua primeira biografia, um compilado das cartas escritas por ela e por seu marido, Jim. Quem organizou a obra foi a filha do casal, Valerie Elliot Shepard. Ali, em escritos íntimos da própria Elisabeth finalmente lançados ao público, vi uma mulher não mais plástica, mas humana e, portanto, imperfeita. Confesso que senti um misto de desapontamento e alívio. Por um lado, a alegria de saber que minha amiga Elisabeth era tão imperfeita quanto eu. Por outro, era como se a incapacidade do meu legalismo em salvar fosse escancarada pela humanidade que agora eu podia ver na minha heroína da fé que, aparentemente, não tinha vivido em obediência perfeita.

Em 2023, pude ler outra biografia de Elisabeth, dessa vez escrita por uma biógrafa profissional, Lucy S. R. Austen, sem conexão direta com a família Elliot. A cada novo capítulo lido, eu me sentava mais perto da beirada da poltrona, com a boca cada vez mais aberta em surpresa. Austen é o tipo de biógrafa sem papas na língua; portanto, não teve medo de apresentar várias partes da vida e personalidade de Elisabeth que são inconsistentes com a imagem que eu (e possivelmente muitos outros) tinha criado. Apesar de honesta em sua abordagem biográfica, Austen também manteve graça ao mostrar que muitas inconsistências eram, na verdade, consistentes com a época e o lugar em que Elisabeth viveu, como certos registros em algumas cartas que hoje consideraríamos inapropriadas por um tom racista, mas que na época se alinhavam com o contexto que ela vivenciou enquanto norte-americana branca do Sul dos Estados Unidos.

Outro momento que desafiou meu legalismo foi ao ler sobre o "Período de Renascença" de Jim Elliot, marido de Elisabeth. Mártir famoso, assassinado pelos indígenas a quem buscava evangelizar, assim como sua esposa, Jim cresceu em uma época em que se encorajava os jovens evangélicos norte-americanos a serem puros em todo sentido e, de preferência, missionários no exterior. Enquanto estava em seu período pós-faculdade, porém, Jim Elliot parece ter sido apresentado a novas ideias que o convenceram de que seu comportamento era muito radical. Ele, então, começou a experimentar mais liberdade em suas atitudes e viveu um período que nomeou de sua Renascença, em alusão à ideia do modernismo substituindo ideias ultrapassadas.

Para nós, o que Jim começou a praticar nesse período pode parecer trivial — ir a mais encontros com garotas de sua idade, ir ao cinema, dançar, entre outras coisas relativamente comuns à juventude —, mas para Elisabeth, seu irmão na fé estava se desviando dos caminhos do Senhor. Betty Howard, como era conhecida quando solteira, até enviou uma carta a um amigo em comum dos dois e pediu que ele exortasse Jim de volta à fé. Algum tempo depois, Jim Elliot voltou às ideias originais, realmente se arrependeu de sua Renascença e, inclusive, se disse envergonhado do que havia feito.

Como já deixei claro, amo Elisabeth Elliot. Mal posso esperar para me sentar com ela na Eternidade e conversar. Minha filha tem Elizabeth no nome composto, parcialmente em homenagem à minha heroína da fé. Mas preciso confessar que, hoje em dia, quando olho para muito da vida dos Elliot, vejo um pendão que, ao tentar sair do antinomianismo, acabou, muitas vezes, no outro extremo. Ao mesmo tempo, também vejo um homem e uma mulher que tentaram, da melhor maneira possível, ser totalmente rendidos a Jesus Cristo e sua causa, tentando mortificar a carne e seus desejos para a honra do Reino até à morte: um aos 29 anos, e a outra aos 89.

A pergunta que fica é: como equilibrar, então, o desejo sincero de pureza e santidade, com a tendência legalista de criar regras sem sentido para manter a aparência de perfeição? Se minha amiga Elisabeth parece não ter encontrado esse equilíbrio, não ouso dizer que o encontrei. Mas penso que a Bíblia nos chama exatamente a equilibrar graça e obediência.

Libertos e escravos

Nesta obra, já conversamos extensivamente sobre o apóstolo Pedro e seu relacionamento com a graça de Cristo. Pedro foi abraçado em seu pior momento, perdoado por seus pecados e chamado a uma posição de autoridade sobre a Igreja, apesar de ser como era. Pedro conhecia a graça intimamente. Ainda assim, o apóstolo disse que os crentes são "*escolhidos* de acordo com a presciência de Deus Pai, pela obra *santificadora* do Espírito, para a *obediência* a Jesus Cristo e a aspersão do seu sangue" (1Pedro 1:2, grifos adicionados). Vejo nesse pequeno versículo um resumo maravilhoso da vida cristã: graça que não exige obediência de maneira ditatorial, mas a propulsiona, torna possível e até mesmo agradável ao seguidor de Cristo.

Para entendermos essa passagem, nosso foco deve estar, antes de mais nada, não no que o versículo diz sobre nós, mas no que diz sobre Deus. Creio e sempre ensino que só poderemos compreender a nós mesmos quando compreendermos primeiro a Deus, que nos criou. O versículo nos apresenta, de modo sutil, a Santa Trindade e suas funções: Deus Pai nos escolheu, Deus Espírito nos santifica, e Deus Filho nos capacita à obediência por seu sacrifício por nós. Toda a nossa jornada cristã depende de Deus, desde a conversão, passando pelo último suspiro neste lado da eternidade até todos os milênios que viveremos adorando na presença do Cordeiro. Sem o poder divino, nós, seres humanos caídos, jamais poderíamos obedecer de maneira consistente e sincera.

Entretanto, o texto também aponta a nossa parte da equação: somos escolhidos e santificados de forma *passiva*, mas somos chamados à obediência *ativa*. Esse detalhe não pode escapar aos nossos olhos. A obra de regeneração feita por Deus remove nosso coração de pedra e nos concede um de carne (cf. Ezequiel 36:26-28). É o que nos dá fôlego para a possibilidade da maratona da fé, mas cabe a nós corrermos. De fato, se Deus não nos desse vida, seríamos cadáveres que não poderiam nem sequer conceber a ideia de correr. Mas a vida que ele nos dá não nos leva automaticamente à linha de chegada. Percebe a dança entre a obra divina e a responsabilidade humana? A graça dá vida, a obediência nos faz correr.

A ideia de corrida, aliás, não veio da minha cabeça, mas da brilhante mente do apóstolo Paulo. Ao escrever para os cidadãos da cidade de Corinto, próxima ao local dos Jogos Ístmicos[29], Paulo faz alusão a um atleta para falar sobre a obediência do cristão. As palavras do apóstolo são claras e até mesmo duras: "Contudo, esmurro o meu corpo e faço dele meu escravo, para que, depois de ter pregado aos outros, eu mesmo não venha a ser desqualificado" (1Cotíntios 9:27). Note que a ideia do antinomianismo não se encaixaria, nem de longe, na teologia do apóstolo Paulo. Como poderíamos dizer que a graça nos permite viver para nossos próprios desejos quando Paulo diz que faz seu corpo *escravo*, de maneira a viver em obediência ao Senhor? Em outra passagem de uma carta também aos Coríntios, Paulo fala sobre uma *mente* cativa a Cristo (cf. 2Coríntios 10:5). O apóstolo nos ensina que, assim como um atleta treina o corpo e a mente para uma competição, os cristãos precisam ser holisticamente escravos da obediência a Deus.

Lembremos que ele também é o escritor da carta aos Gálatas, um dos maiores tratados teológicos a favor da graça. Paulo não pode ser visto como uma espécie de santo padroeiro dos legalistas por dizer que devemos escravizar o corpo em nome da obediência; nem mesmo dos antinomianistas, por

29 Os Jogos Ístmicos eram realizados a cada dois anos, no Istmo de Corinto, em honra ao deus Poseidon. Havia competições hípicas, atléticas, musicais, literárias e náuticas.

dizer que foi para a liberdade que Cristo nos libertou (cf. Gálatas 5:1). Na verdade, quando entendemos a teologia paulina em seus dois pontos – graça e obediência –, compreendemos o equilíbrio para o qual o Evangelho nos chama. Pela graça escravizamos nosso corpo e mente à obediência: somos tanto libertos quanto escravos.

Graça ou culpa?

Eu temo que, por este ser um livro focado em alertar sobre o legalismo, muitos o condenem à prateleira das obras heréticas em suas casas por pensar que estou defendendo que nossa liberdade em Cristo nos permite viver como quisermos (você tem essa prateleira em casa, aliás? Eu tenho). Mas esse capítulo é onde eu quero defender que a graça não cancela a obediência, mas a propulsiona. Por isso o título dessa seção: ainda que sejamos libertos em Cristo pela graça, obedecemos. Aliás, é *somente pela graça* que o fazemos. Se obediência fosse algo que pudéssemos eliminar ao encontrarmos a graça de Jesus, por que as Escrituras afirmariam que ele mesmo foi obediente até à morte (cf. Filemon 2:8)?

Existem duas formas de atingir a obediência na vida do cristão: pela via da graça ou da culpa. O resultado parece ser o mesmo, independentemente de qual via se escolhe, mas isso não é verdade. Veja bem, todos nós — cristãos ou não — temos a Lei de Deus escrita em nosso coração, nos convencendo de que existe o certo e o errado, ainda que tenhamos, possivelmente, visões deturpadas desses conceitos (cf. Romanos 2:15). Essa noção de que há certas coisas que devemos fazer, e outras que devemos evitar, é a raiz da culpa em todos os corações. Se falhamos no que nos parece ser o correto, a culpa nos corrói. Alguns de nós são capazes de lidar com ela de maneira mais moderada, ignorando-a ou "engarrafando-a" na parte de nosso coração onde colocamos todos os sentimentos que não queremos reconhecer. Mas outros têm a culpa como um carrasco que está sempre pronto a punir.

Os legalistas são especialistas em usar a culpa como o chicote metafórico que colocam as pessoas, e eles mesmos, no caminho da obediência. Mas o problema dessa estratégia, e eu sei disso intimamente, é que ela nunca funciona a longo prazo. É como as resoluções de Ano Novo que fazemos baseadas em nossa culpa, mas que duram uma semana, ou um mês, no máximo. Me sinto culpada por estar acima do peso, prometo que no novo ano irei à academia. Mas não foi um desejo sincero de viver mais saudável que me motivou, e sim uma culpa paralisante que, por isso mesmo, tem data de validade. Assim também, quando permitimos que nossa mente culpada seja a base de nossas tentativas de obedecer a Deus, pode ser que por algum tempo o resultado seja positivo. Mas, a longo prazo, voltaremos aos nossos pecados e vícios de estimação, porque a culpa não é efetiva na santificação. Posso repetir, para os que estão sentados nos metafóricos bancos de trás? A *culpa não é efetiva na santificação!*

Quando os cristãos legalistas impõem suas leis humanas para manter outros "na linha", é a culpa que eles usam como motivadora, com o objetivo — direto ou indireto — de controlar o povo de Deus. Costumes humanos como quais roupas usar, qual tipo de penteado, que músicas escutar, entre outras coisas de eficácia nula para a verdadeira santificação, são apenas isto: regras de homens. Impô-las como comandos vindos diretamente de Deus é manipulação legalista. Esses fariseus modernos se parecem muito com os fariseus da época de Cristo, que se colocavam na cadeira de Moisés como líderes com direito de julgar, mas que nem sequer viviam o que pregavam (cf. Mateus 23:1-3).

Foi para a liberdade que Cristo nos libertou

Boa parte desta obra, até aqui, buscou defender que nós somos livres, por causa da graça, e que, como o apóstolo Paulo disse, não podemos nos submeter de volta a um jugo de escravidão, quer ele seja colocado sobre nossos ombros por nós mesmos, ou por outros. Mas a nossa sociedade moderna tem dificuldades em compreender o tipo de liberdade defendida por Paulo na Palavra.

Em nosso contexto atual, o individualismo é um deus que muitos têm prazer em adorar. O coletivo importa apenas se, no final das contas, existir para proteger meu desejo pessoal. Vivemos para o ego: o que *eu* quero, quando *eu* quero, para o *meu* bem. Desde a revolução iluminista, o ser humano foi colocado no centro do Universo e, a partir de então, cada vez mais o *eu* foi posicionado acima do *nós*. Como filhos desse pensamento que somos, por natureza e legado, não é de surpreender que deturpemos a noção de liberdade das Escrituras até que vire algo a nosso favor. É dessa maneira que muitos caem no antinomianismo e passam a viver de qualquer maneira, em nome do que consideram ser a graça. Entretanto, a ideia de liberdade do apóstolo Paulo era muito diferente da nossa.

Todo ser humano é escravo de algo que o domina e comanda, seja Deus, seja o pecado. Aqueles que vivem como se uma liberdade total fosse possível enganam a si mesmos. Os primeiros seres humanos pensaram, inclusive, que a liberdade total pudesse ser alcançada. Mas, nas palavras do autor Paul David Tripp, "quando Adão e Eva pisaram fora dos limites de Deus, não adentraram uma área de liberdade, adentraram labuta, tentação, sofrimento, pecado, e cativeiro"[30]. Assim somos nós, ainda hoje, quando pensamos que ter liberdade das correntes de Deus nos levará a uma vida de profunda satisfação. Nós nos tornamos tão ridículos quanto um peixe que pula fora da água em busca de maior liberdade: morreremos sufocados em nossa arrogância.

Quando Cristo nos liberta para a liberdade, conforme Paulo disse aos Gálatas (cf. Gálatas 5:1), ele nos dá a possibilidade de deixarmos de viver para nosso próprio reino falido e passarmos a servir um Reino eterno e vitorioso. Entretanto, ele não nos liberta para sermos rebeldes expatriados, mas cidadãos dos céus que têm uma missão, um propósito e, acima de tudo, um Mestre.

A palavra *doulos*, usada em várias cartas paulinas e traduzida como "servos", na verdade seria mais bem traduzida como "escravos". Infelizmente, em nosso mundo caído, sabemos que escravidão conota horrores de crueldade e, ainda que o modelo de escravidão greco-romana ao qual Paulo fazia alusão fosse diferente da escravidão africana que geralmente vêm à mente dos brasileiros, era tão desumano quanto aquele. Mas o Mestre Cristo

30 Paul David Tripp. 40 *Days of Grace*. Wheaton: Crossway, 2020. [Tradução livre]

não é um carrasco de chicote. Ele disse: "Tomem sobre vocês o meu jugo e aprendam de mim, porque sou manso e humilde de coração, e vocês encontrarão descanso para a alma" (Mateus 11:29). Jugo é o objeto que animais de carga levam sobre os ombros para carregar seus fardos. O significado do que Cristo afirmou é: "Sim, ainda tenho um jugo para que vocês carreguem, mas ele é totalmente diferente, ele é *leve*."

Paulo explicou o conceito de liberdade em Cristo claramente na carta aos Romanos, ao dizer: "De fato, vocês foram libertos do pecado e tornaram-se escravos da justiça" (Romanos 6:18). Essa frase não surpreende você? Eu a considero de uma genialidade literária incrível. Veja os contrastes e paralelos que Paulo faz: primeiro, entre liberto e escravo; depois, entre pecado e justiça. Não fomos libertos em Cristo para vivermos para nós; permanecemos escravos de algo. Entretanto, não é como se tivéssemos saído de uma jaula para entrar em outra tão imunda e terrível quanto a anterior. Não! Fugimos do cativeiro do pecado para adentrar as cortes reais da justiça onde a servimos como gratos e jubilosos escravos.

Note que alguns versículos antes da declaração anteriormente citada, Paulo havia dito que "vocês não estão debaixo da lei, mas debaixo da graça" (v. 14), o que tem sido nosso argumento durante este livro. Contudo, note como ele inicia a frase:

"Assim, o pecado não deve ter domínio sobre vocês", ou seja, o poder do reino do pecado já não tem efeito sobre nós, *justamente por causa da graça*. Quando tememos que a graça possa nos levar a uma vida libertina, mostramos que não compreendemos a Bíblia, pois o oposto é o verdadeiro: a graça nos retira das masmorras do pecado e nos permite subir as escadas até o palácio do Rei dos reis, onde alegre e voluntariamente temos, agora, a liberdade de obedecê-lo em tudo e de declarar com o salmista que nossa "[...] satisfação está na lei do Senhor" (Salmos 1:2).

O trabalho na base do trabalho

O pastor Timothy Keller disse, certa vez, que o cristão é aquele que para de trabalhar para ser salvo, não aquele que para de trabalhar.[31] Quando Jesus declarou que aqueles que desejam servi-lo precisam andar pelo caminho estreito, não estava brincando. Como vimos, há esforço na vida cristã e trabalho duro para servir à justiça. Se a vida com Cristo nos tem sido como caminhar por campos de *glitter* e arco-íris,

31 "A Christian is one who stops working to be saved, not one who stops working!" Timothy Keller, *Romans for You*, p. 97. Charlotte: Good Book Co, 2015. [Tradução livre]

provavelmente não estamos crescendo em santificação como deveríamos.

A única maneira de conseguirmos trabalhar tanto quanto Keller sugere é confiarmos no trabalho de Cristo na cruz, a base do nosso esforço. Os legalistas constroem torres de obras em uma base completamente movediça, a própria capacidade. Assim sendo, no final das contas, todo o esforço que despendem é completamente vão. O apóstolo Paulo fala disso em 1Coríntios: nossas obras serão testadas pelo fogo de Deus e aquelas feitas na base da justiça e do esforço próprios serão como palha que será totalmente consumida. Entretanto, o esforço feito com base no trabalho de Cristo será como ouro, prata e pedras preciosas: provado e aprovado pelo fogo (cf. 1Coríntios 3:10-17). Com base no trabalho do Filho de Deus, os filhos adotados de Deus permanecem trabalhando duro, mesmo após a salvação pela graça.

Em qual área obedecer e em qual descansar?

Eu gostaria que terminássemos este capítulo ponderando sobre o equilíbrio. Como argumentei, temos a tendência humana de notar nossos erros em um extremo e corrermos na direção do outro. Meu medo é que corramos de volta para o legalismo ao percebermos que podemos ter falhado na obediência.

Como sabermos, então, em quais áreas precisamos defender uma obediência irrestrita, e em quais temos liberdade?

Creio que um conceito que nos será de grande ajuda nessa questão é a ideia de triagem de doutrinas, explicada no capítulo 4. Há certas áreas da crença que precisamos sustentar com firmeza e defender a qualquer custo ainda que sempre em amor e por amor. Em relação à obediência, eu colocaria aqui (e, claro, a lista não é exaustiva, são apenas exemplos para ponderação): ser parte de uma igreja local; abster-se de relações sexuais impuras; foco na família e nos irmãos em Cristo; perdoar irrestritamente; não negar Cristo perante o mundo; abster-se de vícios; evangelizar; orar sem cessar; entre muitos outros exemplos.

Algumas áreas que creio estarem abertas à liberdade e discussão seriam (novamente, lista não exaustiva): quais vestimentas usar; consumo moderado de bebidas alcoólicas; uso de tatuagens; trabalho fora do lar às mulheres; idas a eventos seculares desde que não sejam em ambientes explicitamente inapropriados; consumo de entretenimento com sabedoria; entre muitos outros exemplos.

Como cheguei a essa lista aparentemente arbitrária? Com o conceito de que certas coisas estão claras na Palavra e outras têm nuance, discordância interpretativa e simples liberdade de escolha.

Além disso, é importante considerarmos também o conselho do apóstolo Paulo aos irmãos de Corinto: "Contudo, tenham cuidado para que a liberdade de vocês não se torne um motivo de tropeço para os que são fracos" (1Coríntios 8:9).

Felizmente, o livro que está nas suas mãos não é uma fonte única nem primária de consulta sobre áreas cinza na vida cristã. Creio que seu maior aliado nessas escolhas é, na verdade, o próprio Deus, na pessoa do Espírito Santo que habita *em você*. A Palavra nos diz que, quando pedimos por sabedoria, o Senhor é fiel em responder ao nosso clamor generosamente (cf. Tiago 1:5). E o que é sabedoria, senão a capacidade de usar o conhecimento que adquirimos e aplicá-lo às circunstâncias específicas? Não tenho como dizer em quais áreas você tem sido legalista e em quais precisa exercer obediência adequadamente. Mas você não precisa de mim (graças a Deus), porque tem o Espírito. Tenha ânimo, ele tem prazer em ajudá-lo!

7 REPENSAR SEM DESCONSTRUIR

No último ano, tive o privilégio e o fardo emocional de entrevistar pessoas com histórias de abuso espiritual e traumas em instituições cristãs que as deixaram com marcas que carregam até hoje e provavelmente carregarão para sempre. Eu me sentei em cafeterias, restaurantes e no sofá da minha casa com uma caneta e caderno em mãos, e realizei meu sonho adolescente de ser jornalista investigativa. Mas não houve nenhuma alegria ao final das entrevistas, porque apenas uma das pessoas a quem ouvi ainda se considera seguidora de Jesus Cristo.

Meus entrevistados não usaram o termo "exvangélicos", mas é o que são: pessoas que se afastaram da fé da infância a ponto de recusá-la totalmente. Aqui nos Estados Unidos, há anos existe um movimento inteiro dedicado a essas pessoas, o *faith deconstruction movement*, ou movimento de desconstrução da fé. Na data em que escrevo este livro, esse movimento ainda é fraco, na verdade quase inexistente, no Brasil. Claro que temos visto algo parecido no processo público de certas celebridades em se autorrotularem “ex-Gospel”. Alguns ainda dizem crer em Deus, mas se afastaram da parte que consideram mais moralistas da fé cristã. Outros chegaram ao extremo oposto, o ateísmo. Eu brinco que, por morar nos Estados Unidos, tenho o privilégio de ver as tendências que tomam conta do cenário religioso daqui cerca de dez anos antes de elas chegarem ao Brasil. Oro para que esse não seja o caso do movimento de desconstrução, mas, infelizmente, suponho que será.

Um edifício em ruínas

O movimento em questão tem raiz nas ideias do filósofo francês Jacques Derrida, criador do termo “desconstrução”. Para ele, o termo significava “uma forma de criticar não apenas textos literários e filosóficos, mas também instituições políticas”.[32]

32 “A way of criticizing not only both literary and philosophical texts but also political institutions.” [Tradução livre.] Disponível em: plato.stanford.edu/entries/derrida. Acesso em: 7 de março de 2025.

Ironicamente, Derrida parece ter se inspirado no conceito de *destruktion* de Martin Heidegger, que, por sua vez, se inspirou no reformador protestante Lutero, que usou *destructio* para descrever a destruição da sabedoria humana através do Evangelho de Cristo (1Coríntios 1:19).[33]

Uma apologeta norte-americana descreve o movimento de desconstrução como "o processo de dissecar sistematicamente e muitas vezes rejeitar as crenças com as quais [alguém] cresceu. [...] Mas o tipo de fé que acabam por abraçar quase nunca se assemelha ao cristianismo que conheciam anteriormente."[34] Acho interessante a palavra *dissecar* na definição dela. Infelizmente, creio que uma parcela bem pequena dos desconstrutores da fé de fato dissecam o que escolhem abandonar. Seria um avanço grande ao movimento se ele honestamente olhas se para a instituição que deseja derrubar e fizesse uma pesquisa aprofundada de seus erros e acertos.

---

33 Disponível em: www.thegospelcoalition.org/article/what-would-jesus-deconstruct. Acesso em: 7 de março de 2025.

34 "The process of systematically dissecting and often rejecting the beliefs you grew up with. Sometimes the Christian will deconstruct all the way into atheism. Some remain there, but others experience a reconstruction. But the type of faith they end up embracing almost never resembles the Christianity they formerly knew." Alisa Childers. [Tradução livre]. Disponível em: www.thegospelcoalition.org/article/redeem-reconstruction. Acesso em: 7 de março de 2025.

Se fosse esse o caso, veríamos um processo de remoção dos tijolos possivelmente mofados da fé cristã e um de reconstrução com tijolos melhores.

Entretanto, parece que é no caos das ruínas que os desconstrutores escolhem fazer morada. Eles olham para a Bíblia, para as igrejas nas quais cresceram, para a ideia de Deus, e dirigem seus tratores com bolas de destruição direto ao centro da fé, com o objetivo de não deixar pedra sobre pedra. O trabalho de ir até às ruínas e ver o que deveria ser mantido, o que poderia ser utilizado para uma reconstrução, é uma ideia penosa demais. Eles descem do trator e, feito cena de filme, pisam sobre o entulho enquanto colocam óculos de sol e postam orgulhosamente no Instagram uma *selfie* com a *hashtag* #exvangélico.

De maneira contraditória, de cima das ruínas, declaram-se mais felizes, mais livres, mais empoderados para amar e respeitar as pessoas ao redor, como se a fé de seus pais os tivesse escravizado a uma existência opressora. A verdade não é o mais importante para eles, tanto é assim que, na grande maioria dos relatos de "desconversão", o que abunda são frases como "Para mim, o que importa realmente é..." ou "Eu penso assim, mas respeito totalmente quem acredita diferente". Nesse discurso aparentemente caridoso e altruísta, encontramos uma das maiores falácias do movimento de desconstrução:

a verdade está dentro de você, e desse modo, cada pessoa pode ter uma diferente da dos outros.

Se verdade absoluta não existe, porém, o mundo jaz no caos. A reencarnação é verdadeira para o fulano, mas o sicrano acredita que simplesmente deixamos de existir na morte. Será, então, que fulano reencarnará e sicrano deixará de existir? O fato é que a realidade não se adapta nem muda para acomodar nossas crenças, sejam elas quais forem. Os desconstrutores da fé podem pregar paz e aceitação até ficarem roucos, mas ao final do dia só haverá dois destinos para todos, o céu ou o inferno.

Não podemos nos iludir. O movimento de desconstrução não é uma mazela moderna. Pelo contrário, é tão antigo quanto o tempo, com a gênese na gênese de tudo na pergunta astuta do Inimigo à mulher: "Foi isto mesmo que Deus disse?" (Gênesis 3:1).

Duvidando da bondade de Deus

Como todos os outros problemas da humanidade, a desconstrução da fé começou no jardim do Éden. A astuta serpente, quando se aproximou de Eva para tentá-la, não negou totalmente o divino, em uma tentativa de puxar a primeira mulher para o ateísmo. Veja, a serpente não diz: "Deus não existe". Em vez disso, enfatiza um possível rigor das ordens de

Deus ("Foi isto mesmo que Deus disse: 'Não comam de nenhuma das árvores do jardim'?", v. 1) e planta uma semente de dúvida em relação à bondade do Criador para com suas criaturas ("Deus sabe que, no dia em que comerem dele, os seus olhos se abrirão, e vocês serão como Deus", v. 5).

Eva tem uma sucessão de atitudes que culminam no pecado. Primeiro, ela é tentada pelo prazer do sabor ("a mulher viu que a árvore era boa para alimento"); depois, pelo prazer visual ("atraente aos olhos"); e finalmente, pelo prazer do orgulho ("e desejável para dela se obter sabedoria"). Quando os seres humanos unem uma semente de dúvida sobre a bondade de Deus a um desejo por seu próprio prazer, a desconstrução da fé não demora a aparecer como o resultado.

Assim como Eva, muitos exvangélicos começam seu processo de desconstrução da fé com uma semente de dúvida com relação ao coração de Deus para com os homens: Será que ele pode realmente nos amar se não nos permite ser/fazer X, Y ou Z? Com essa estratégia, a serpente, ainda hoje, continua a fazer vítimas. Com a semente da dúvida plantada, a busca pela satisfação do eu começa a germinar. Cremos que Deus não tem o direito de limitar nossas escolhas, pois agir assim seria um tolhimento da nossa personalidade, ou até mesmo humanidade, ao aceitarmos as regras que a Bíblia aparentemente impõe.

E, com isso, a mesma fórmula que funcionou no Jardim continua funcionando ainda hoje, convencendo as pessoas de que Deus não é bom e que o pecado é atraente. Seguimos levantando nossas mãos ao fruto.

Creio que existem dois antídotos para essa semente de perigo que as igrejas poderiam aplicar em seus membros de maneira a evitar, ou ao menos começar a amenizar, o êxodo em massa de cristãos rumo à desconstrução.

- *Antídoto número 1: formar cristãos que conhecem o coração de Deus*

Se a estratégia da serpente começa com implantar dúvida sobre a bondade de Deus, precisamos começar a afirmar — desde os púlpitos até as reuniões em lares e as conversas informais — a verdade absoluta de que Deus é *por* nós. Note que Eva já começa o diálogo com a serpente focando no lugar errado. Ela começa: "Podemos comer do fruto das árvores do jardim", mas logo pula para: "mas Deus disse: 'Não comam do fruto da árvore que está no meio do jardim nem toquem nele; do contrário, vocês morrerão'" (Gênesis 3:2-3).

Em sua imensa misericórdia e bondade, Deus cria o mais belo de todos os lugares já existente, planta ali o homem e sua mulher e diz: "tudo isso é para que vocês desfrutem". Em vez de se deleitar no *muito* que Deus havia dado, Eva escolhe ouvir as mentiras da serpente e focar na *uma* árvore proibida. A mensagem do coração dela era clara: Deus não pode ser bondoso porque não me deu aquele *um* fruto.[35] Podemos até ler esse relato e pensar que essa lógica da mulher foi grandemente estúpida. Mas, se fôssemos sinceros, veríamos que seguimos essa lógica ainda hoje. Um exemplo muito atual é a questão da sexualidade: Deus nos cria como seres sexuais, nos dá a beleza do casamento — no qual os prazeres sexuais podem ser desfrutados de maneira segura —, mas dizemos: "Não é o bastante! Queremos o sexo fora do casamento e com quem desejarmos!". Continuamos o legado de nossa mãe Eva.

Quando nos aprofundamos em conhecer o coração de Deus, compreendemos que todas as coisas que pensamos ser mais atraentes que o Senhor e sua lei são na verdade como bolos de areia. O banquete do Evangelho de um Deus *por nós* está à nossa frente, precisamos apenas crer e desfrutar. Quando os membros das igrejas realmente sentirem o gosto do verdadeiro Cristo, jamais se satisfarão novamente com bolos de areia.

35 [N.E.] O uso de "na *uma* árvore" e "aquele *um* fruto" é intencional, com ênfase estilística, para destacar o contraste entre tudo o que foi dado e o foco no único item proibido.

- *Antídoto número 2: formar cristãos que entendem a Verdade*

Não basta conhecermos o coração de Deus, porque muitos abraçam a ideia do amor divino, mas recusam todo o resto que a Palavra revela. Conversando com uma missionária cujo ministério é com estudantes nas universidades dos Estados Unidos, descobri algo sobre o qual nunca tinha ponderado antes: grande parte dos jovens que abandonam a fé cristã nos anos universitários não o fazem necessariamente por se rebelarem contra a fé de seus pais, mas porque foram tão mal ensinados sobre a fé que suas fracas raízes não permanecem arraigadas ao finalmente enfrentar os fortes ventos das filosofias mundanas.

Se continuarmos ensinando nossas crianças e nossos adolescentes de maneira leviana, sem jamais passar do leite para a carne espiritual, esse ciclo permanecerá. Como sou pedagoga, sou sempre tristemente surpreendida pela forma como o mundo secular subestima a capacidade de aprendizagem de crianças e adolescentes. Quando a igreja o faz, então, me preocupo muito mais.

Por que acreditamos que não precisamos ensinar-lhes as bases da fé nem mostrar pela razão ou pela emoção que Deus é real e soberano sobre todo o Universo, digno de uma vida toda de lealdade? Em vez disso, nós nos conformamos a limitar o ensino das EBDs (escolas bíblicas dominicais), EBFs (escolas bíblicas de férias) e até mesmo em nossos lares, a histórias morais sobre certo e errado em vez de focar no Evangelho e na profundidade do conhecimento de Deus em Cristo. Como ainda nos surpreendemos quando as novas gerações decidem que as filosofias do mundo são mais atraentes que esse "jesus" com J minúsculo que lhes apresentamos. Quem pode culpá-los? Os culpados, antes, somos nós.

Os antídotos se complementam: quanto mais ensinamos sobre o Cristo da Bíblia verdadeiramente, mais nossos membros ficarão completamente admirados e atraídos por ele; e quanto mais corações queimarem com esse zelo pelo Amado, mais ensinarão as verdades profundas das Escrituras a seus alunos, formando uma geração forte em sua fé.

Claro que nem todas as situações de desconstrução se encaixam nesse diagnóstico de falta de conhecimento profundo sobre Deus. Se assim fosse, filhos de pastores teologicamente saudáveis e sérios não abandonariam a fé nem se tornariam ateus, mas isso acontece.[36] Na verdade, as causas

36 Como é, infelizmente, o caso do famoso autor e pastor John Piper, cujo filho tem um canal no YouTube no qual fala sobre seu abandono da fé. Disponível em: www.youtube.com/abrahampiper. Acesso em: 7 de março de 2025.

da desconstrução são as mais variadas, desde abuso dentro das igrejas, passando pelo desejo por viver em pecado sem as amarras da culpa religiosa, chegando ao simples anseio de ser aceito e bem quisto por uma sociedade cada vez menos cristã. Tentar diagnosticar a raiz do problema nos ajuda a melhorar nossas práticas de maneira a evitá-lo. Ao mesmo tempo, precisamos nos lembrar que vivemos em um mundo caído no pecado, e até enquanto Cristo caminhava encarnado na terra, houve pessoas que, ao o encontrarem, creram, outras que o odiaram, e aquelas que simplesmente continuaram a vida como se ele não existisse. O mesmo continuará acontecendo até que ele venha.

Desconstruir para reformar

Ainda que o movimento de desconstrução, quando culmina em abandono da fé, seja uma triste realidade, precisamos distingui-lo de situações parecidas que resultam em fins diferentes. Nem toda ânsia por fazer perguntas sobre a fé cristã é errada, pelo contrário. Historicamente, foram os questionamentos que levaram à Reforma Protestante, pois alguns cristãos começaram a duvidar da legalidade das doutrinas católicas. Quando seguidores de Cristo começam a notar pregações e ensinos antibíblicos em suas igrejas, seria prejudicial se eles *não* fizessem questionamentos. Precisamos dar continuidade ao legado do protestantismo resumido no famoso lema *semper reformanda*, "sempre em reforma" em latim.

O próprio Jesus fez uma espécie de desconstrução que é especialmente vista no seu mais famoso sermão, narrado no Evangelho de Mateus (capítulos 5-7), o Sermão do Monte. Quando Cristo diz, repetidas vezes: "Vocês ouviram o que foi dito [...]. Mas eu digo a vocês", estava justamente desconstruindo más interpretações da Lei e as substituindo por bom ensino. Note que Jesus não anula a Lei por completo, como já vimos em outros capítulos desta obra, mas a restaura ao seu verdadeiro significado e alinha o coração de seus ouvintes à vontade do Pai. O escritor e pastor Josh Butler coloca dessa maneira:

> Jesus não está criticando as Escrituras, mas tradições defeituosas e interpretações insuficientes. Não mudou muita coisa [hoje em dia]. Caricaturas imprecisas e leituras erradas das Escrituras estão por toda parte hoje, até mesmo promovidas dentro de algumas igrejas. Precisamos levar a sério o

> bom ensino. Nosso refrão deveria ser: Ouvistes que foi dito, mas Jesus diz [...].[37]

Aqui cabe, então, uma defesa da desconstrução. Em uma obra sobre os perigos do legalismo, fica óbvio que creio que esse seja um mal que a igreja precisa desesperadamente abandonar ao identificar os maus ensinos e os substituir por "mas Jesus disse". A reforma de que precisamos no século 21 deve envolver um olhar crítico para as teorias teológicas que criam padrões humanos de religiosidade.

E, claro, não queremos uma relativização do Evangelho, como se as Escrituras significassem coisas diferentes dependendo de cada interpretação. Pelo contrário, queremos uma busca pela Verdade com v maiúsculo. Assim como os reformadores do século 16, como cristãos, defendemos o coração de Deus revelado na Palavra, ainda que para isso precisemos ir contra os ensinos estabelecidos em nosso tempo. Quer falemos sobre o farisaísmo enraizado

---

37 "Jesus is critiquing not the Scriptures, but faulty traditions and insufficient interpretations. Not much has changed. Inaccurate caricatures and misreadings of Scripture are everywhere today, even promoted within some churches. We need to take good teaching seriously. Our refrain should be, You have heard it said, but Jesus says..." [Tradução livre.] Disponível em: www.thegospelcoalition.org/article/4-causes-deconstruction. Acesso em: 7 de março de 2025.

em nossas congregações quer sobre as teorias de gênero que permeiam as ruas da nossa sociedade, nosso papel é perguntar: "o que a Bíblia *realmente* diz?" e ensinar a resposta, independentemente de ela nos apetecer ou não. O movimento de desconstrução quer moldar Deus às caixinhas humanas, mas o movimento de Reforma deixa nossas caixinhas serem quebradas por Deus.

Cuidando das ovelhas perdidas

Uma vez que presumimos que, assim como chegou aos Estados Unidos, o movimento de desconstrução chegará ao Brasil, precisamos nos preparar para recebê-lo e reconhecer seu avanço. Na verdade, não é que ele esteja completamente ausente de nosso cenário nacional, apenas tem diferentes nomes e níveis de expressão. O movimento dos desigrejados é uma dessas vertentes. O escritor e pesquisador Rodolfo Capler assim descreve seus participantes:

> Os cristãos "indeterminados" são uma categoria de evangélicos que não romperam com as confissões dogmáticas do cristianismo, porém se desvincularam da forma institucional das igrejas. Conhecidos popularmente no seio do evangelicalismo brasileiro como desigrejados, esse contingente de fiéis

> não para de crescer, chegando hoje – segundo alguns estudiosos do fenômeno –, à marca de mais de 16 milhões de pessoas, o que os elegeria (se fossem uma denominação), como o segundo maior grupo confessional do país, ficando apenas atrás das Assembleias de Deus.[38]

O número é assustador, não? Que, dentre os evangélicos brasileiros, 16 milhões se denominem desigrejados, é um sinal de alerta tão gritante que apenas os realmente surdos e desinteressados podem ignorar. Existem muitos fatores para esse alargamento das portas de saída das igrejas, como já vimos sobre o movimento de desconstrução, mas existe algo em comum entre eles – **as pessoas estão desencantadas com as igrejas.**

Note que, ao contrário da desconstrução, se desigrejar não pressupõe necessariamente abandonar a fé. Pelo contrário, os membros desse movimento ainda se consideram cristãos, apenas não querem mais associar-se a uma instituição religiosa para praticar sua fé. Quer por terem sofrido abuso espiritual, quer por se sentirem desenganados pelo muito prometer (e pouco cumprir) das

38 Disponível em: veja.abril.com.br/coluna/matheus-leitao/por-que-milhoes-de-evangelicos-estao-abandonando-suas-igrejas. Acesso em: 7 de março de 2025.

igrejas que pregam prosperidade, esses fiéis agora preferem encontrar-se em pequenos grupos; ou até mesmo seguir sozinhos, com a Bíblia e páginas da internet e do *Instagram*.

É tão necessário que, como defendi durante toda a obra até aqui, tenhamos um olhar de equilíbrio e graça para com os desigrejados. Por um lado, poderíamos condená-los por suas escolhas, apontando que eles estão cuspindo em uma tradição milenar de cristãos que arriscaram (e ainda arriscam, em certos países) a própria vida porque compreenderam a importância que o Senhor deu à união e comunhão de sua Igreja. Não estaríamos de todo errados ao fazer isso. Muitos desigrejados precisam, de fato, de um cajado pastoral que os fira pelo amor, para que voltem à Verdade.

Entretanto, é preciso que nossos ouvidos estejam atentos e prontos para ir além de colocar todos os que abandonaram a igreja no mesmo saco, como se diz na linguagem popular, e diagnosticá-los com o mesmo mal. Para alguém que foi genuinamente machucado pela igreja, quer por abuso ou por pregações mentirosas, simplesmente mandá-lo de volta ao lugar onde foi ferido não seria amoroso nem é o que Cristo faria. Na verdade, Cristo deixaria as noventa e nove ovelhas no aprisco para ir atrás daquela única que se perdeu. Seremos nós verdadeiros seguidores do Bom Pastor se as abandonarmos ou ignorarmos?

Creio que o primeiro passo para cuidarmos das ovelhas desarraigadas é reconhecer o motivo que as afastou do rebanho e, com tempo e paciência, demonstrar o genuíno amor cristão. Só se cura feridas com bálsamo, não com julgamento. Se o maior problema dos desigrejados é um desencantamento com as igrejas, existe melhor estratégia para trazer esses irmãos de volta à comunhão do Corpo do que demonstrar como uma igreja saudável realmente deveria ser?

O caminho de reconstrução da fé cristã é uma volta às raízes, não o criar de uma nova teologia. C. S. Lewis disse que:

> Se [tomamos] o caminho errado, seguir em frente não [nos] deixará mais perto. Se você está no caminho errado, progredir significa dar meia-volta e voltar para o caminho certo e, nesse caso, o homem que volta mais rápido é o homem mais progressista.[39]

39 "If you have taken a wrong turning then to go forward does not get you any nearer. If you are on the wrong road progress means doing an about-turn and walking back to the right road and in that case the man who turns back soonest is the most progressive man." C.S. Lewis. *The Case for Christianity*. Brentwood: B&H Publishing, 2000. [Tradução livre.]

Ou seja, se estamos notando que muitas igrejas estão, por suas práticas, afastando suas ovelhas e levando pessoas até mesmo a um total abandono da fé, a melhor rota não é seguir em frente e ignorar os irmãos caídos pelo caminho, mas voltar ao começo, reconhecer onde erramos e começar a seguir, ainda que vagarosamente, ao rumo certo. Creio que esse caminho tenha sido pavimentado muitos e muitos anos atrás, pela igreja primitiva.

8
UMA NOVA (VELHA) IGREJA

Qualquer pessoa que já teve a honra e a responsabilidade de abrir a Palavra para ensinar sobre ela sabe que, quase sempre, aquilo que sai de nossa boca (ou teclado) requer primeiramente aplicação em nossa própria vida antes de ser de edificação aos que nos escutam (e leem). Em algumas ocasiões, isso se torna ainda mais real, com a temática de nosso ensino vindo de encontro a algo com o qual estejamos lutando de maneira pessoal e íntima. Essas mensagens são as mais difíceis de ensinar. São os momentos em que precisamos decidir entre ser totalmente hipócritas, ou nos arremessar de cabeça na graça, pedindo misericórdia ao Espírito para que nos ajude em nosso processo de santificação.

Assim sendo, penso que Deus tenha senso de humor. Digo isso por vários motivos; em específico porque, enquanto escrevo este capítulo sobre a igreja e como ela deveria ser, estou no final de uma das épocas mais conturbadas da minha vida no que diz respeito ao convívio com outros irmãos na minha igreja local (e note que eu digo igreja *local*, não irmãos na internet). Por motivos diversos, que definitivamente não deveriam ser explorados em uma obra pública como essa, minha família e eu estivemos em algumas reuniões de resoluções de conflitos nos últimos anos, com outras ainda por acontecer. Estar nessas reuniões causa um sentimento agridoce: por um lado, a tristeza de saber que machucamos e fomos machucados; por outro lado, a beleza de ver que estamos, verdadeiramente, sendo a Igreja de Cristo ao batalhar pela paz, em vez de nos resignarmos à amargura.

Não é fácil ser Igreja. Pelo contrário, creio que seja uma das escolhas mais difíceis dos cristãos, prova disso é os desigrejados serem a segunda maior "denominação" evangélica do Brasil, conforme vimos no capítulo anterior. Em meio a um desses conflitos pessoais que mencionei, meu marido e eu quase decidimos por sair de nosso corpo local. Por vezes, o golpe foi tão duro e tão baixo que sentimos total desesperança em permanecer. Entretanto, dou glórias a Deus que, por sua graça, nos manteve enraizados com nosso povo, apesar dos pesares, porque a cada novo conflito resolvido em amor e graça, tenho certeza de que me torno mais parecida com o meu

Senhor, que, "tendo amado os seus que estavam no mundo, amou-os até ao fim" (João 13:1). É essa perseverança, esse amor que não desiste, que eu quero ter pelos meus irmãos em Cristo.

Quando se escreve uma obra com sete capítulos apontando os erros da igreja, é necessário que, no mínimo, se apresente uma proposta de solução. Este capítulo fará justamente isso. Claro que a solução que trago não é, entretanto, algo que inventei ou mesmo que expressei da melhor maneira possível (ainda que tenha tentado dar meu melhor). O que proponho como solução ao problema do legalismo nas igrejas nada mais é do que aquilo que a doutrina da Eclesiologia explora, ou seja, *o ser Igreja*. Não qualquer igreja, vivida de qualquer maneira, mas aquilo que chamo de uma nova (velha) Igreja — velha por ser baseada nos ensinos de Cristo e dos apóstolos, nova por ser algo que precisamos reinstituir a cada novo dia em nossa comunidade local.

O que é a Igreja?

Primeiramente, precisamos entender que, ainda que em português a palavra "igreja" tenha sempre conotação religiosa, para o público original das cartas apostólicas, esse não era o caso. A palavra original no grego traduzida como "igreja" é *ekklesia*, que significava, antes de mais nada, "um ajuntamento", "uma assembleia". Compreendemos, então, que, apesar de o termo no contexto bíblico por vezes conotar algo para além de um ajuntamento, nunca significa *menos* que isso. Penso que isso nos mostre, de maneira bem direta, o quanto o movimento dos desigrejados não compreende o cristianismo bíblico.

Note como o apóstolo Pedro descreveu tão belamente o que a Igreja realmente é: "Vocês, porém, são geração eleita, reino de sacerdotes, nação santa, povo que pertence a Deus" (1Pedro 2:9). Todos os termos dessa incrível descrição são plurais e dão sentido de grupo. A noção de ser cristão sozinho era completamente inconcebível para os primeiros cristãos, em especial para aqueles que vinham de uma linhagem judaica, povo de uma história arraigada no conceito de família, comunidade e ajuntamento. Portanto, em primeiro lugar, a verdadeira Igreja é uma *comunidade*.

Uma vez estabelecido isso, fica a pergunta: somos uma comunidade que faz o quê? Qual a nossa missão, ou ao redor de quê nos reunimos em comunidade? O pastor Bernard N. Howard descreve, de maneira simples, que "a igreja local é uma comunidade reunida ao redor de Jesus pela sua Palavra".[40]

---

40 Original disponível em: www.thegospelcoalition.org/article/what-is-this-thing-called-church. Acesso em 12 de março de 2025. [Tradução livre.]

Já falamos sobre *comunidade* e agora quero que nos debrucemos sobre a definição de Howard para contemplarmos o que mais a Igreja é.

- A *igreja local*

Quando contei a uma pessoa sobre a temática deste livro, recebi a seguinte resposta: "Tome cuidado! Criticar a Igreja de Cristo é algo sério". Fiquei pensativa. Será que é pecado apontarmos os erros da Igreja baseado no fato de que ela é a Noiva do Cordeiro? Deveríamos colocar a mão na boca e calar toda e qualquer crítica? Creio que não, e não estou sozinha nesse pensamento.

Como já vimos, a Reforma Protestante nada foi além de um movimento de crítica ao que era visto, na época, como *a* Igreja. Muito antes da Reforma, aliás, o apóstolo Paulo criticou duramente o comportamento de seus irmãos na fé de certas igrejas por meio de epístolas (veja, como exemplo, a dura acusação que ele fez aos coríntios: "Por toda parte se ouve que há imoralidade sexual entre vocês, imoralidade que não ocorre nem mesmo entre os pagãos" (1Coríntios 5:1).

Assim sendo, não entendo ser pecado apontar as hipocrisias e os legalismos da Igreja. Pelo contrário, nós que somos parte da Igreja precisamos começar a limpeza dentro dela, como disse o apóstolo Pedro: "Pois chegou a hora de começar o julgamento pela casa de Deus, e, [...] começa primeiro conosco" (1Pedro 4:17). Portanto, é necessária uma distinção entre a Igreja que está na terra e a Igreja Escatológica de Cristo, imaculada pelo sangue do Cordeiro. Enquanto estivermos deste lado da Eternidade, continuaremos pecando. Se isso é verdadeiro para os crentes de maneira individual, também o é para o coletivo dos crentes, a Igreja. Sim, somos certamente morada do Espírito Santo, que nos santifica. Mas ainda pecamos e, de acordo com o apóstolo João, se dissermos que não pecamos, tornamos Deus mentiroso (cf. 1João 1:10). A Igreja com "i maiúsculo" é composta de várias igrejas locais, que são, por sua vez, compostas de vários pecadores.

Precisamos nos lembrar, também, da distinção entre a Igreja visível e a invisível. A última somente Deus vê e conhece, a primeira nós conseguimos ver. A Igreja visível tem vários lobos disfarçados de ovelhas; por isso, seria perigoso não criticar os erros e pecados cometidos pelos cristãos, uma vez que nem todo erro é reflexo de um crente em processo de regeneração, mas possivelmente de um descrente sorrateiramente devorando ovelhas.

Um dia, aqueles que estão em Cristo serão glorificados e perfeitos diante de Deus. Até lá, estamos em *processo* de santificação, e isso implica cometer erros e acertos. Apontar os erros da Igreja não demonstra falta de amor a ela; pelo contrário, estou aqui como um cirurgião que não deixa o câncer crescer, mas o remove usando um aparelho que primeiro corta para depois curar. A igreja local precisa ser curada de seu legalismo para continuar no processo de se tornar cada dia mais como o Noivo.

- *Ao redor de Jesus*

Uma das maiores críticas que fiz nesta obra é ao fato de muitas igrejas terem perdido esse vital componente da definição de Howard. Em vez de se reunirem ao redor de Jesus e, consequentemente, de tudo o que ele nos ensinou, reúnem-se ao redor de regras, tradições e legados históricos. Toda comunidade se reúne ao redor de algo ou alguém. Os cristãos, quando deixam o Evangelho, são deixados apenas com leis vazias que criam crentes frios, na melhor das hipóteses; e lobos perigosos, nos piores casos.

É claro que nenhuma igreja cristã diria ter abandonado sua visão cristocêntrica, mas, a partir do momento em que um membro é excluído por ter sido abandonado por seu cônjuge (um exemplo entre muitos que vimos nesta obra até aqui), então o coração de Cristo já foi esquecido há muito, quer aquela igreja reconheça ou não.

- *Pela sua Palavra*

Sem a Verdade revelada, não podemos realmente ser Igreja, uma vez que Deus escolheu se revelar por intermédio da Bíblia. Por vezes, o legalismo vem justamente por um zelo pela Palavra que, ainda que correto em sua motivação, está errado em sua prática. As igrejas legalistas estão absolutamente corretas quando defendem que nós não podemos nos intitular cristãos e viver como quisermos. A Bíblia é nossa regra de vida e prática. Glória a Deus pelo conceito do *Sola Scriptura*[41]! Entretanto, quando o zelo pela Palavra se transforma em zelo por estar sempre certo, sem espaço para a graça e o cuidado, perdemos a essência do cristianismo.

Muitos cristãos são extremamente cautelosos com a ortodoxia, garantem que as doutrinas sejam bem embasadas e corretas, mas ignoram totalmente a qualidade de sua ortopraxia, ou seja, das ações que deveriam refletir suas crenças. Ah, quantas vezes na Palavra vemos a advertência contra a fé que é somente de boca, não de ação? Talvez a mais dura delas esteja em 1Samuel 15: "Acaso tem o Senhor tanto prazer em holocaustos e em sacrifícios [ortodoxia] quanto em que se obedeça à sua palavra [ortopraxia]? A obediência é melhor do que o sacrifício, e a submissão é melhor do que a gordura de carneiros" (v. 22, acréscimos adicionados). Que Deus nos ajude a viver à luz da Palavra, de maneira

41 Ou "Somente as Escrituras", conceito da Reforma Protestante do século 16.

que nosso agir seja completamente um reflexo de nossas crenças.

Assim sendo, eu editaria, com toda humildade e somente para os fins desta obra, a bela definição de Howard, da seguinte maneira: "A igreja local, *que permanece imperfeita e no processo de santificação até o dia das Bodas do Cordeiro*, é uma comunidade reunida ao redor de Jesus *e de seu Evangelho da graça, não pela tradição humana, mas somente* pela sua Palavra."

Essa Igreja não é utópica — nós temos o poder do Espírito Santo para cultivá-la. Esse poder está conosco desde o Pentecostes, transformando homens iletrados e incultos em poderosos pregadores do Evangelho (cf. Atos 4:13). Cremos ou não que esse mesmo Espírito pode nos ajudar a cultivar igrejas locais que se pareçam cada dia mais com essa definição *apesar* de nós? Como disseram os pastores Mark Dever e James Dunlop: "As Escrituras ensinam que a comunidade [igreja local] que importa é a comunidade construída por Deus. Podemos cultivá-la, alimentá-la, protegê-la e usá-la. Mas não ousamos fingir que a criamos".[42]

42 Jamie Dunlop e Mark Dever, *The Compelling Community: Where God's Power Makes a Church Attractive*. Wheaton: Crossway, 2015. [Tradução livre.]

All you need is love

Em 1967, a famosíssima banda The Beatles lançou uma música que dizia que tudo de que precisamos é amor. Ainda que eles não estivessem se baseando na Bíblia, esse conceito é profundamente cristão. O apóstolo Paulo defendeu que, se não tivermos amor, todos os outros dons que tivermos serão inúteis, ainda que aparentem ser importantes (cf. 1Coríntios 13:3). O amor é superior à fé e à esperança, porque as duas últimas serão um dia substituídas pelo que veremos e pela esperança realizada na Eternidade com Cristo, mas o amor permanecerá quando estivermos na glória com corpos glorificados para todo o sempre.

Assim sendo, o amor precisa não somente ser a maior marca dos cristãos à vista do mundo (algo no qual falhamos, como vimos no capítulo 3), mas especialmente para com os da mesma fé. Em sua oração apostólica, feita no cenáculo durante a Santa Ceia compartilhada com seus amigos, Jesus pediu ao Pai que ajudasse seus seguidores a serem unidos, porque seria por meio desse amor, dessa unidade, que o mundo saberia que Cristo foi enviado pelo Pai e amado por ele (cf. João 17:23). Eu sempre me emociono com João capítulo 17, porque ali vemos algumas das últimas palavras de Cristo, e, nos momentos pré-morte, quando uma pessoa diz algo, as palavras têm um significado diferente, um peso superior. Não nos deveria ser especialmente significativo, então, que em sua última oração com seus amigos, Jesus tenha enfatizado o amor e a unidade que eles — e os santos de todas as eras — deveriam ter uns pelos outros?

A verdade é que, quando a Igreja é o que foi comissionada a ser, há poucas coisas no mundo mais belas de se contemplar. Na mesma proporção, quando ela falha, sua queda e as feridas que causa são proporcionalmente profundas. Desde o nascimento da Igreja Primitiva — aqueles Do Caminho, como eles mesmo se denominavam —, foi necessário o lembrete do foco no amor, e isso não deveria nos surpreender; afinal, somos seres caídos desde o Éden. Os apóstolos exortaram seus contemporâneos, e os santos do Senhor têm feito o mesmo desde então, levando os eleitos ao ciclo do reconhecimento do pecado, seguido por arrependimento, confissão e, por fim, mudança. O caminho mais excelente que o apóstolo Paulo ensinou aos coríntios (cf. 1Coríntios 12:31) precisa ser relembrado e revivido, *constantemente*.

Entretanto, falar sempre será mais fácil que fazer. Eu me reconheço, como Paulo, a pior das pecadoras. Como confessei no início deste capítulo, não estou isenta de conflitos com meus irmãos. Por vezes, sou eu quem fere. Outras vezes, sou ferida e me recuso a perdoar. Ah, como é difícil encontrar o caminho do amor com outros pecadores! No início de nosso casamento, meu marido disse, sabiamente, que quanto mais próximos dois pecadores estiverem, mais sujeiras respingarão um no outro. O corpo local onde somos membros é o coletivo de santos que se encontra mais próximo de nós física, emocional e espiritualmente. Amado, não deveria nos assustar quando nossos pecados respingarem em nossos irmãos e vice-versa. A nova (velha) Igreja não é aquela que será isenta de conflitos, mas aquela cujos conflitos inevitáveis são resolvidos em amor, graça e verdade.

Mas, como podemos, de fato, ser essa Igreja?

De iletrados a poderosos pregadores

Por vezes, confesso que me parece utópica a ideia de uma Igreja que vive realmente tendo o amor como seu maior dom. Não somente porque olho ao meu redor na minha igreja local e só vejo pecadores, mas principalmente porque olho para dentro de mim e vejo uma terrível pecadora. Que diremos, então? Que é impossível pecadores crescerem em amor? Longe de nós! Se disséssemos isso, também faríamos Deus mentiroso, porque, ainda que permaneçamos pecadores, também fomos presenteados com o melhor e mais poderoso dom de todos: o próprio Deus *em nós* (cf. 1Coríntios 6:19).

Uma das minhas passagens preferidas da Palavra se encontra em Atos 4, quando lemos que as autoridades, os líderes religiosos e os mestres da lei ficaram maravilhados ao ouvir a pregação de Pedro e João, e "Vendo a coragem de Pedro e de João e percebendo que eram homens iletrados e sem instrução, ficaram admirados e reconheceram que eles haviam estado com Jesus" (v. 13). Como João, chamado de filho do trovão (cf. Marcos 3:17), provavelmente por causa de sua personalidade, e Pedro, repreendido por Cristo com a dura frase "para trás de mim, Satanás" (cf. Mateus 16:23), puderam se tornar tão claramente homens de Deus, poderosos em palavra e ação? A resposta está em Atos 2:4: "Todos ficaram cheios do Espírito Santo".

Eu amo o título de um livro de Francis Chan sobre o Espírito Santo: O *Deus esquecido*.[43] Obviamente eu não amo o título pela triste verdade que ele declara, mas pela genialidade da escolha das palavras que nos deixa pensativos de imediato. De fato, o Espírito Santo é a pessoa da Santa Trindade que costumamos negligenciar, seja em nossa adoração, em nossos

---

43 Francis Chan. O *Deus esquecido: Revertendo nossa trágica negligência para com o Espírito Santo*. São Paulo: Editora Mundo Cristão, 2013.

estudos ou em nossa prática cristã diária. A ironia é que ele é a pessoa divina que está *em* nós e nos ajuda diariamente. Como podemos ser tão negligentes com um Amigo tão próximo, tão absurdamente precioso? Quantos de nós já desejamos ter Jesus perto, próximo o suficiente para caminhar ao nosso lado, para o tocar, para ouvir sua voz? Ainda assim, o próprio Jesus disse que era *melhor* que ele fosse de volta ao Pai, para que, dessa maneira, pudesse nos enviar o outro Consolador, seu Santo Espírito (cf. João 16:7). Melhor que Deus ao nosso lado é Deus dentro de nós.

Como podemos duvidar que Deus em nós é mais do que suficiente para nos transformar e capacitar a vivermos verdadeiramente como Igreja? Assim como Pedro e João, não somos poderosos o suficiente para nos arruinar a tal ponto que a graça de Deus não nos possa alcançar. Ainda hoje o Espírito que nos enche está transformando filhos do trovão e orgulhosos em seguidores de Cristo mansos e humildes como seu Mestre. Sinto em cada fibra do meu corpo a incapacidade de amar meus irmãos em Cristo da maneira que preciso: sacrificial e verdadeiramente, com amor sem hipocrisia. Eu me junto ao coro de Paulo e declaro que sou a pior das pecadoras que conheço. Mas a beleza disso tudo é que não é sobre mim e minha incapacidade, mas, sim, sobre o Santo e Poderoso Espírito e sua infinita capacidade. O que eu não posso, ele sempre pode. O que eu quero odiar, ele traz amor. Do que eu quero desistir, ele me ajuda a permanecer. Do que eu quero me ressentir para sempre, ele traz perdão que joga as ofensas no mar do esquecimento. É sobre ele e, assim sendo, é possível — para mim e para você.

Unidade *apesar* das diferenças

Quando me mudei do Brasil para os Estados Unidos, passei por um longo processo de redescoberta da minha identidade. Ainda que a cultura norte-americana à qual fui inserida não fosse um completo oposto daquela na qual cresci, foi difícil o trajeto de Francine Veríssimo para France Walsh. O quanto da Francine deveria permanecer na France, e o quanto da France era real ou fabricado inconscientemente para me encaixar na sociedade ao meu redor? Certa vez, encontrei uma frase na internet que me ajudou imensamente nesse processo. Ela dizia que o imigrante é como um octógono: não mais o quadrado de sua cultura original tampouco o círculo da nova cultura, mas sim algo entre as duas. Aos poucos eu fui descobrindo que a Francine do Brasil e a France dos Estados Unidos são a mesma pessoa que traz em si seus dois países e tudo o que isso implica. Hoje, quase uma década depois de pousar em Minnesota, sei que não preciso me tornar uma americana, exatamente como eles são, para fazer parte dos Estados Unidos.

Trago essa experiência pessoal para ilustrar algo que creio ser importante sobre sermos Igreja: o fato de que não precisamos ser todos iguais. Creio que, por vezes, as pessoas pensam que, ao se converterem, precisam apagar quem foram e começar do zero como uma nova pessoa, como se no momento da conversão passássemos por uma máquina que remove qualquer singularidade que tenhamos e nos veste com a mesma roupa cinza e monótona do imaginário coletivo do que é ser crente.

Isso não poderia ser mais falso! Por que um Deus criativo, que se importou em criar mais espécies de animais e plantas do que nós jamais conseguiríamos catalogar, iria querer que suas criaturas mais primordiais, as únicas feitas à sua imagem, fossem todas iguais?[44] Basta olharmos para os Doze que Jesus escolheu como discípulos para vermos que, desde os primórdios da Igreja, uma comunidade homogênea não está no plano divino. Havia pescadores, um coletor de impostos, um zelote... E note que Mateus, o coletor que servia os romanos, seria um inimigo social de Simão, o zelote, que participava de

44 Explico de forma detalhada no capítulo "Deus de criatividade e a feminilidade exclusiva" do meu livro *Ela à imagem dele*.

um movimento que ia contra o regime de Roma. De inimigos a irmãos, isso é parte do plano de Deus para a sua Igreja.

Quando os legalistas tentam padronizar a Igreja, tornando-a um lugar cheio de mulheres que se vestem iguais e homens que agem iguais, estão distorcendo a beleza da unidade que vem não por causa das semelhanças, mas *apesar das diferenças*. O apóstolo Paulo deixou isso tão claro com sua figura do corpo humano representando a Igreja! (1Coríntios 12:12-27).

Um corpo feito somente de olhos seria uma aberração digna de filmes de terror. Um corpo saudável é aquele no qual todos os membros funcionam da maneira que devem funcionar — o olho enxergando, o ouvido escutando e a boca falando. Assim também, somos todos um só corpo (unidade), mas com vários e diferentes membros (diversidade). Não somente diferentes em personalidades, estilos de vida, decisões parentais, situação financeira, entre outras coisas, mas especialmente diferentes em dons do Espírito. Se todo crente fosse chamado ao pastorado, quem seria pastoreado? E se todos fossem músicos, quem seria professor, ou aquele que serve na cantina, ou aquele que vai às comunidades carentes com atos de misericórdia? Sozinhos somos fracos, incapazes e incompletos; mas juntos somos a Igreja de Deus que espalha o Reino no mundo.

A Igreja faz conhecida aos seres celestiais a multiforme sabedoria de Deus (cf. Efésios 3:10), e isso é tremendo! Os anjos olham para nós e enxergam o poder de Deus em transformar outrora inimigos em família, e isso os deixa maravilhados, sem dúvidas. Não por nós (nunca por nós), mas porque *Deus* é capaz de fazer algo tão gracioso, tão humanamente impossível!

Caminhando rumo à velha Igreja

A mim parece curioso que eu esteja defendendo que voltemos à antiga Igreja, aquela que chamamos de Igreja Primitiva, como se ela fosse o exemplo perfeito que devemos seguir. Como eu disse, basta olharmos para as cartas do apóstolo Paulo para notarmos que elas eram tão falhas quanto as nossas, do século 21. Os coríntios, uma comunidade de crentes gentios, foram fortemente criticados por Paulo, especialmente em sua primeira carta. Os problemas apontados por ele foram variados, incluindo divisões entre os crentes, imoralidade sexual, processos judiciais entre crentes, questões de casamento e celibato, idolatria, dons espirituais e a ressurreição dos mortos. Entretanto, em sua segunda carta, nos parece que o apóstolo toma um novo tom ao exortá-los sobre como receber de volta ao corpo aqueles que pecaram, mas se arrependeram. Ele diz:

> Se alguém tem causado tristeza, não a tem causado apenas a mim, mas, até certo ponto, a todos vocês, sem ser demasiadamente severo. **A punição que foi imposta a este pela maioria é suficiente. Agora, ao contrário, vocês devem perdoá-lo e consolá-lo, para que ele não seja dominado por excessiva tristeza. Portanto, peço-lhes que reafirmem o amor que têm por ele.** Eu escrevi com o propósito de saber se vocês seriam aprovados, isto é, se seriam obedientes em tudo. Se vocês perdoam alguém, eu também o perdoo; aquilo que perdoei, se é que havia alguma coisa para perdoar, perdoei na presença de Cristo, por amor a vocês, a fim de que Satanás não tivesse vantagem sobre nós, pois não ignoramos as intenções dele. (2Corintios 2:5-11, grifo adicionado)

Nesta obra, até aqui, eu defendi, talvez até de forma severa em certos momentos, que precisamos desarraigar o legalismo da Igreja, começando por nós mesmos (vide o título do livro). Mas eu gostaria de terminar nosso diálogo com a mesma exortação de Paulo: amados, recebamos de volta aqueles de nós que reconhecem e se arrependem de seu legalismo, a começar por nós!

Não podemos nos autoflagelar espiritualmente a ponto de sermos dominados por excessiva tristeza, pensando que seremos para sempre legalistas, incapazes da recuperação. Isso é uma mentira de Satanás que, como Paulo diz no versículo 11, está sempre buscando ter vantagem sobre a Igreja. A culpa é uma das armas preferidas do Inimigo. Se este livro convenceu você do seu pecado, por favor, não se deixe afundar no Pântano do Desânimo.[45] Não, querido, nós *podemos, sim*, pelo poder do Santo Espírito em nós, ser legalistas *em recuperação*. Amém?

Para além de nós mesmos, precisamos também demonstrar graça àqueles ao nosso redor que mostram arrependimento genuíno de seu passado legalista. Dependendo da sua personalidade, talvez seja mais fácil ou mais difícil mostrar graça aos outros do que a você mesmo. Independentemente disso, a exortação de Paulo ecoa ainda a nós: *reafirmem o amor que têm por eles*. A nova (velha) Igreja é aquela na qual a confissão de pecados e o perdão se fazem presentes não de maneira pontual, mas constante, diariamente.

Talvez você tenha sido profundamente machucado pelo legalismo alheio como eu sei que fui. Os exemplos que dei nesta obra mostram que muitos de nós sofremos por conta desse mal, alguns a ponto de desistir da caminhada. Mas o mesmo poder que

---

45 Referência ao livro O *peregrino*, de John Bunyan. A ilustração do Pântano do Desânimo representa nossos momentos de descrença no Deus que se importa com pecadores como nós e nosso afundar em autocomiseração.

levantou Jesus Cristo da morte é o poder que nos levanta da morte espiritual e nos dá capacidade para perdoar, um ato possível realmente apenas àqueles que experimentaram a nova vida no Senhor.

Então, é assim que quero terminar este livro — com um chamado ao perdão.

Senhor, ajuda-nos a perdoar a nós mesmos pela forma como machucamos outros com nosso legalismo, da mesma maneira que o Senhor nos perdoa. E, por favor, nos ajude a perdoar aqueles que nos machucaram por serem legalistas, sabendo que somos tão necessitados da tua graça quanto eles. Em o nome do Manso e Humilde, amém.

***

> Portanto, vocês já não são estrangeiros nem forasteiros, mas concidadãos dos santos e membros da família de Deus, edificados sobre o fundamento dos apóstolos e dos profetas, tendo Jesus Cristo como pedra angular, no qual todo o edifício é ajustado e cresce para tornar-se um templo santo no Senhor. Nele vocês também estão sendo edificados juntos, para se tornarem morada de Deus por seu Espírito. (Efésios 2:19-22)

Este livro foi impresso pela Lisgrafica, em 2025, para a Thomas Nelson Brasil.
O papel do miolo é Pólen Bold 70g/m² e o da capa é Cartão 250g/m².